自治体理論の実践

北海道土曜講座の十六年

編著＝森　　啓／川村喜芳

公人の友社

まえがき

本書は「北海道土曜講座の十六年」は何であったか、を顧みる書である。

土曜講座の役割が終わった訳ではない。解明するべき自治体課題は次々と生起する。市民自治の実践理論の研鑽と行政の責任回避の構造究明が終わる訳はないのである。

土曜講座が目指したのは「自治体理論の習得」であった。

理論には「説明理論」と「実践理論」の二つがある。

説明理論は事象を事後的に客観的実証的に分析して説明する認識理論である。

実践理論は現在の課題を未来に向かって解決する理論である。「課題は何か・如何なる方策で解決するか」を考えるには「経験的直観」が不可欠である。経験的直観は一歩前に出る実践によって得られる。自己保身の状況追随思考では経験的直観は身に付かない。実践理論は歴史の一回性である実践を普遍認識に至らしめる理論である。

そして「知っている」と「分かっている」は同じでない。そのことは、本書刊行の準備をしている現在、すなわち二〇一一年三月、東日本大震災による「福島原発事故」をめぐっての「官房長官と経産省保安院の説明」「テレビスタジオの学者の解説態度」が物語っている。「知っている人」と「分かっている人」の相違は、困難を覚悟して一歩前に出た「実践体験の有無」にある。自治体理論にも同様の問題がある。

本書は三部構成になっている。

第一部は、自治体改革をめざす土曜講座第二幕を展望する論述である。すなわち、都市型社会の構造特性を明示して二〇〇〇年代の自治体改革の基本論点を提示し、次いで自治体改革の課題と解決方策を見究めるには実践理論が重要であることを論証し、土曜講座十六年間の経過を詳細に検証した。

第二幕を展望するためである。

第二部は、講師を務めて下さった先生方、講座を報道して下さった記者の方々、裏方として運営事務を担ったスタッフ、そして受講者の方々による土曜講座への「愛着と感慨」の文章である。

第三部は資料である。

新聞等に報道された記事、全九十一回の講座のタイトルと講師一覧、実行委員とスタッフの一覧である。詳細に記録したのは、自治体理論の研鑽習得をめざす自治講座が北海道のみならず全国各地で開講することを希求するためである。

本書刊行に際し、全講座の講師の先生に深甚なる感謝の意を表したい。

特に、最終回講座の講師としてご教授を頂いた松下圭一先生と宮本憲一先生に厚く御礼を申し上げたい。松下先生は当初より一貫して土曜講座の運営を励まし助言して下さいました。講師としても通算六回、自治体理論の講義のために札幌にお出で下さいました。

宮本先生も講師として通算三回に亘って出講して下さいました。そして最終回の「日本社会の可能性」の講義では「市民の自治力は継続した学習で培われる」として土曜講座の再開を繰り返し勧めて下さいました。

さらにまた、北海道土曜講座の講義内容をブックレットにして全国に頒布して下さった公人の友社の武内英晴社長にも御礼を申し述べたい。

本書が自治体改革の進展と改革主体の誕生になんらかの役割を果たすことを心より祈念する。

二〇一一年五月二十日

森　啓（北海道土曜講座実行委員長）

もくじ

Ⅰ　土曜講座を顧みて

土曜講座を顧みて

二〇〇〇年代の自治体改革にむけて

松下　圭一

二〇一〇年八月二八日、「北海道地方自治土曜講座」は、一六年におよぶ成果の蓄積をへて、最終回を終えました。私はかねがね、この自費による個人参加の土曜講座は、北海道庁の道政失敗にもかかわらず、北海道における市町村主導の自治文化・市民政治への中核をかたちづくったととらえています。

この土曜講座の終りを私は残念とは思っておりません。最終回の八月二八日、私は講演「自治体は変わるか」の最初に、今後、土曜講座はかたちを変えて、北海道の各地でつくられる小研究会の群生となり、自治体改革の新しい飛躍になるだろうと、のべさせていただきました。

たしかに、毎年数回、これまでも北海道各地での開催はあるとはいえ、札幌市中心の開催にはやはり無理があると、私はみていました。北海道のヒロサは東北地方ナミですから、道都札幌市に毎年夏あつまるのは、各地の方々にとって容易ではなかったはずだからです。

いわゆる県では、今日、交通整備のため、ほぼ日帰りできますが、北海道は広くて日帰りには航空機をつかうことにもなります。私が北海道モデルの道州制はムリという理由の一つには、このヒロサにあります。広ければ、道の各地域について個別の政策判断はできないからです。いま一つは、道州制でも北海道庁のように財政破綻がありえます。広域の道州制は財政再編に直接つながるどころか、各県は無責任にも自らのムダづかいによる巨額借金からの「逃亡」をめざしているのです。さらに広い道州制では市民の監視もとどきにくく、経済効率また行政・政治効率が本来高いわけではありません。事実、北海道は支庁の改革・再編問題でたえず大変な苦労をしていますが、いつも中途半端におわっています。

地域で自治体職員がつくる小研究会のあり方については、一九七八年以来、東京の東多摩でのほぼ三〇年にわたる「行政技術研究会」の経験をふまえて、私は論点をつぎのように整理しています。

この地域の小研究会は、第二とか第三とかの決まった特定の金曜日、つまり休日前の月一回、六時半ごろからはじめて八時半すぎに終わり、あとは居酒屋での交流となります。仕事からくる突然の急用が多い自治体職員にとって、いずれも出欠自由は当然です。

そのとき、自家用車はつかえませんから、当然、鉄道の駅近くで開くことになる。毎月同一のところを予約できる、固定した会場と居酒屋とに近い駅はどこかという選択、いわば時間・空間の感覚ついで合意が不可欠となります。

また、会場はもちろんできるだけタダのところをさがしますが、居酒屋については、子供さんが育ちざかりの職員にとっては、一回の居酒屋代が一人二〇〇〇円前後をこえることはできないでしょう。

研究会での個人報告は、各職員が現在担当する個別職務についての具体問題ならびにその関連法制・資料の整理をふまえて、職務また関連政策・制度の改革案を中心におきます。このことは、職員自身、近隣の自治体はもちろん、わが自治体でも他課の同僚の仕事すら知らないため、職員相互討論が不可欠というところからもきます。たえず配転があるため職務の相互理解がすすむといっても、各課の職務はたえず変化していることに留意したいと思います。

ジャーナリストや研究者がくわわるときは、居酒屋談義はともかく、研究会は職員中心に運営し、抽象言語の空中戦になりがちなジャーナリストや研究者はできるだけ発言を遠慮して、自治体の職務実態・課題、またその法務・財務改革手法を個別・具体に徹して議論することが必要です。もちろん、地域の市民が加わっているときには、自治体への批判ないし地域問題の提起もあってしかるべしです。人口減・高齢化の今日、ムダなハコモノ、合併特例債、退職手当債をはじめ膨大な借金はもちろん、また自治体財源縮小とあいまって、人件費をふくむ行政再編が、各自治体の市民にたいする責務として、たえず基本論点となっているからです。

二〇〇〇年代の自治体改革には、各自治体での内部推力として、北海道でもすでにはじまっているように、北海道各地域での小研究会を群生させることが緊急かつ不可欠です。小研究会での活力こそが、個々の自治体における内部からの改革への活力となるはずです。札幌市内だけでも、政令市ですし、道庁もありますから、数十の小研究会がありえます。いまだ、自治体がえらぶ公式の自治体研修講師には官治・集権型の旧型発想が多いとき、この旧型自治体研修をのりこえるためにも、自治・分権型の自治体改革をめざす小研究会の群生が急務といえます。

この小研究会では、理論再編はふまえますが、より実務に徹し、行政を省庁官僚が立案した「国法の執行」としか考えなかった、これまでの日本の自治体職員に欠けている、各地域固有、あるいは各職場独自の個別課題を整理し、政策・制度改革によるその解決手法を具体性をもって模索することになります。

道単位で活躍してきた「土曜講座」は、これまでの成果をふまえて、これからは各地域でのこのような「小研究会」群生への変身となるのではないでしょうか。もちろん、道単位はじめ各地での連合研究会も、この小研究会からの発表を中心に、小研究会相互の交流として、やがてひらかれることになるでしょう。

この意味では、これまでの「土曜講座」の活動は北海道に自治体改革の種をまく役割だったといえます。事実、全国レベルの「自治体学会」もこの種まきをおこない、各地域でのかたよりがあるとはいえ、多様な小研究会をすでに輩出させているではありませんか。

ふりかえってみれば、北海道の「土曜講座」も、全国レベルでの自治体学会と同様に、職員の市民型研究活動をつみあげ、戦前以来つづいた官治・集権型の〈機関委任事務〉方式を廃止する、《二〇〇〇年分権改革》におおきく寄与しました。

もちろん、二〇〇九年、自民党主導から民主党主導への決定的な政権交代にもかかわらず、なお明治憲法型の「官僚内閣制」の持続、『日本国憲法』が想定する「国会内閣制」の未熟もあって、日本の自治・分権政治の構築には、まだほど遠いといってよいでしょう。

だが、公人の友社刊行による、実務性をもち、かつ読みやすい「土曜講座」各講師ごとの記録ブックレットは一一〇冊余におよび、全国規模でその影響力をひろげ、自治体での政策・制度改革に寄与してきました。講師も最初は北海道の方々だけだったのですが、その後は全国規模でも講師を結集し、これらの講師が日本各地で活躍するモデルをになったことも、ここで特記しておきます。たしかに、「ローマは一日にしてならず」ですが、北海道発のその発信は日本の《市民文化》の一環としてひろがっていきました。

今日では、自治体理論も、かつての「自治体とは何ぞや」という一九六〇年代、〈自治体改革〉の提起にともなう初期啓蒙段階を脱し、各自治体での法務、財務、くわえて数務（人口動向など各自治体みずからの将来政策推計）をふまえたうえでの、〈予測と調整〉〈組織と制御〉〈構想と選択〉のための《政策・制度づくり》をめざす、自治体改革の方法・手法づくりが基本課題となっています。

残念にも、自治体の知事、市町村長や議員をふくめ、また国レベルの政治家ないし政党も与野党をとわず、自治体改革の具体課題について、いまだにワカラナイママという状態にあります。「地域主権」という中味のない言葉すら、カッコヨクシのためつかっているのです。この言葉に便乗する評論家、学者、ジャーナリストもおり、雑誌の特集号にすらなっています。

現在、自治体についてのムダで空虚な流行語が、「道州制」から「地域主権」にうつりつつあるようです。だが、地域主権といっても、地域には多様な市民活動、さまざまな団体・企業が交錯し、また市町村と県は相互に対立し、それぞれの市町村が強くなる今後はさらにこの対立がきわだっていくでしょう。そこにはまた、戦前からの既得権をいまだにはなさない国の各省庁官僚もたちはだかっています。あるいは自治体での国際政策基準の直接尊重・引照も当然の要請となります。《地域》自体が、農村型社会と異って、都市型社会では以上のような多元・重層構造をもってきたからです。地域はこのようにもはや単一性ではないので、「地域主権」は空語にすぎません。

もし、国レベルの政治家あるいは政党が本気で「地域主権」をいうならば、一部すでに改革ははじまっていますが、まず、国政における次の基本課題をまっさきに制度解決すべきでしょう。戦後、これらは戦前系譜の行政慣習にすぎなくなったため、その改革には内閣の《決断》だけでよく、法改正もいりません。

（1）明治以来、今日もつづく、日本の官治・集権政治の実質の基軸は、県幹部への各省庁中枢官僚、とくに内務省→自治省→総務省という系譜での大量出向にあります（総務省報道資料「国と地方公共団体との間の人事交流状況」二〇一〇年参照。総務省のいうこの「人事交流」とは自治体操縦の偽装にすぎない。交流ならば、ヒラ職員としてが望ましい。）。とすれば、自民党政権が戦後ながく許容してきた戦前型というべき県幹部への官僚出向を、今回の政権交替ではじめて政府責任をになった民主党内閣は、ただちに廃止すべきです。戦後の官僚統治ないし自民党政官業複合は、この県幹部への官僚出向人事によって国→県→市町村という官治・集権政治を担保してきました。しかも、こうした出向官僚のなかから知事、副知事が輩出して、これまで自民党を応援するという始末です。

（2）全国知事会など地方六団体といわれる総務省直轄の外郭組織について、その幹部人事への天下りをはじめとする影響力を総務省から完全剥奪し、それこそ六団体それぞれを自立する自治体団体に改組すべきです。自治体の長や議長が発言しても、妄言ないし放言、雑音にすぎず、いまだに地方六団体の公式決定は総務省の制御つまりワク内にとどまることに、括目しなければなりません。

戦前の《官僚内閣制》型のこの二論点については、部分的には変化もありますが、政治学者、行政学者、またジャーナリスト、政治家は、ここでのべているような大胆な切開手術をおこなうべきだ、という発言をする勇気こそをもつべきです。よくも、戦後半世紀余り、この戦前型国家統治の官治技術が、ひろく国民に知られないまま、現在もつづいてきたものだと驚きです。「戦後民主主義の虚妄性」については、これらにこそきりこむべきだったのです。

そのうえ、戦後はもちろん今日も、大学での教科内容、また行政・司法、あるいは国会をふくめる国の各種資格試験、さらに国、自治体の職員研修などは、拙著『市民自治の憲法理論』(一九七五年・岩波新書)以来、最近では『国会内閣制の基礎理論・松下圭一法学論集』(二〇〇九年・岩波書店)で批判しつづけているように、いまだに官僚法学、講壇法学の明治国家型官治・集権理論に実質とどまっています。この事態を、きびしく、あらためて強調しておきます。〈最高機関〉の国会を無視して、行政とは実質は省庁官僚起案による〈国法の執行〉だと、今日もあいかわらず教えつづけているのです。

とすれば、自治体の職員研修は、むしろ、直接、市民を講師とした「わが」自治体さらに国の政治・行政への批判こそを、中核におくべきでしょう。戦前からの官治・集権型頭脳構造が変っていない学者・先生ではなく、市民活動家こそがまず自治体、国にたいする批判、また地域問題の提起というかたちで、講師の中枢になるべきなのです。

とくに総務省外郭の自治大学校、市町村アカデミーなどでは、最近ようやく例外の自治・分権型発想をもつ講師もみられはじめましたが、いまだ《官治・集権型》に自治体職員の思考を「訓練」しつづけています。自治体職員研修の既成現実は、《自治・分権型》発想を熟成させてきた市民からみれば、〈犯罪性〉をもつといえます。この総務省のオセッカイによる自治体職員用研修は、市町村、県が政府となった「二〇〇〇年分権改革」をへた今日、直ちに廃止すべきです。

これまで絶対・無謬と想定されてきた国の省庁官僚を起点において考え、さまざまの独自問題をもつ地域市民からの出発を「考えない」日本のおおくの知事・市町村長や自治体議員、ついで自治体職員のたちおくれ、さらにジャーナリストやテレビ・キャスター、また評論家、理論家の不勉強ないし時代錯誤性も、すでにひろく知られはじめています。《日本沈没》ともいわれていますが、官治・集権発想がつづく戦後日本での半世紀にわたる、もうとりかえせない時間、さらにはカネの浪費を、あらためて私たちは考えるべきでしょう。一九六〇年代、すでに日本でも、〈市民活動・自治体改革〉が出発していたはずだったではありませんか。

一九六〇年代以来の市民活動・自治体改革から出発する「二〇〇〇年分権改革」後も、日本の自治体は憲法で明示されている条例立法にもいまだ熟達していません。今日も、国立大学をはじめ日本の大学法学部では、官僚原案の既成国法を絶対・無謬とみなす法解釈学のみで、市民の教養・常識でもあるべき、国法改革さらに自治立法をめぐる今日緊急の「立法学」については、わずかの先覚者が最近ようやく育ちはじめてきただけで、理論領域としての成熟はもちろん、成立すらしていないのです。

日本では日本国憲法五〇年余、いまだに〈市民法学〉は未熟で、かつては保守系・革新系いずれの理論家もふくめて、戦前からの官僚法学・講壇法学の理論構成に実質はとどまっています。事実、国レベルの政府を今日も「統治機構」とよんで明治国家型の「三権分立」の中核におき、国会の「最高機関」性を〈政治的美称〉とみなしつづけています。全国放送での「放送大学」の憲法関連カリキュラムの時代錯誤性も、あらためて想起してください。ナサケナクかつ困ったものです。

ここで、都市型社会では、世界の先進各国でも共通に、その国法は①全国画一、②省庁縦割、③時代オクレという構造欠陥をもつという実情をみすえる必要があります。そのうえ、とくに、日本の度重なる「災害緊急時」では、この構造欠陥がとくに露出し、法制の抜本改革がたえず緊急問題となります。とすれば、当然、国レベルの立法改革が急務ですが、この国法の構造劣化のもとで私たち市民が法務責任をはたすには、各自治体における条例立法についてもその技法開発、さらにその公開が不可欠となります。このため、自治体での文書課をアラタメ、自治立法・自治解釈という《自治体法務》をめぐる少数職員の「法務室」の新設を、年次予算編成中心の財政課と別に連結財務・長期財務予測、とくに総連結資産・借金の公開にとりくむ《自治体財務》のための同じく少数職員の「財務室」の新設とならんで、各自治体は急ぐべきだと私が主張しきた理由です。人口減、公共施設再編など「将来政策推計」をめぐる《自治体数務》については、企画課の課題再編となります。

この法務は、私の提案により、すでに先駆自治体では、自治法務室、政策法務室などと名付けて発足させています。財務室も自治経営室などというかたちをとるところもあります。また、町村レベルでは、各県単位の町村長会、町村議長会にも法務室の設置がはじまって個別町村を支援しています。自治体議会にそくしていえば、国会についても同じですが、あらためて、法務は立法、財務は予算、数務も政策・制度再編をめぐる将来構想に対応する政治・行政改革の推進力となります。

条例の自治立法・国法の自治解釈によってはじめて、演説や作文にすぎない政策は市民の合意というかたちで、自治体での実効性をもちます。さらに条例は、国法が国の政府にたいしてとおなじく、市民が市町村、県を問わず、それぞれの自治体政府に権限・財源を〈付与・剥奪〉するのです。ここが、民主政治における私たち市民の発想ないし考え方の基点になるべきだったのです。この点こそが、私の年来の考え方です。

一九六〇年代からの市民活動、自治体改革の歴史を背景に、《二〇〇〇年分権改革》が明治国家型の官治・集権方式としての「機関委任事務」方式をようやく廃止し、法制上では市町村、県、国がそれぞれ課題は異なるとしても、政府としては、相互に対等となったこの二〇〇〇年代、自治体法務は自治体財務また自治体数務とともに、自治体職員の職務訓練の中核課題となっています（拙著『自治体再構築』二〇〇五年、公人の友社で詳述）。

このため、「二〇〇〇年分権改革」にむけて大改正をみた『地方自治法』についてはさらに、そのムダな大量の些末条文をあらためて大量削除し、「自治体基本法」に再純化すべきでしょう。すでに、各自治体では、《市民自治》＋〈政府信託〉を起点において、それぞれ個別・各種の条例あるいは国の法律にたいして、その上位規範となる、私が造語した《自治体基本条例》の策定がすすめられています。当然、市民参加手続でつくられ、今日、自治基本条例、市政基本条例などさまざまな名称をふくめて、二〇〇〇自治体近くにひろがり、市民活動・自治体改革の基本論理をかたちづくりつつあります。

この自治体基本条例は、後述の議会基本条例をふくめて、今後も時間をかけて修正をかさね、条文として成熟する時点では、基本法として当然ながら、住民投票にかけるべきでしょう。

また、この基本条例の策定では、私が『現代政治学』（一九六八年、東京大学出版会、六八頁）で造語し、最近ではよくつかわれるようになった一元統合・代表（議会→長制＝現在の日本における国の方式）、二元統合・代表（長・議会制＝現在の日本の自治体はこの方式）のちがいとそれぞれの可能性について、国また県、市町村各政府レベルでの自民党政官業複合の崩壊とみあって、あらためて、私たち市民は熟考したいと思います。この私の一元・二元という用法は、その後美濃部革新都政のとき、菅原良長特別秘書が都議会における社会党・共産党の与党競争を批判して、自治体議会は一元統合の国会→内閣と異って、長との間に二元統合という政治緊張をもつと強調したため、ひろがっていきました。

さらに、ここで、地域政党については、規範論理として市民公共の政治媒体であるかぎり、首長権限をさらに肥大させたい特定首長が自治体議会を意のままにあやつるための私兵化つまり翼賛化は、この「二元統合」をめぐってあってはならない、ときびしく確認しておきましょう。

また、戦前系の内務官僚が、帝国議会をモデルにつくりあげ、戦後半世紀、批判もなくつづいてきた『標準議会会議規則』もポイステし、これまでも強調してきましたが、二〇〇〇年代では当然、市町村、県の各自治体議会は、すでに始まっているように、市民主権による「信託」という考え方にもとづく《議会基本条例》を策定すべきでしょう。

二〇〇〇年代の日本では、一国閉鎖性をもつ「国家主権」をかかげながら、ムラ＋官僚統治を政治原型とみなす官治・集権型の明治国家系の考え方は、すでに、その土台となった農村型社会とともに終っています。今日では、日本も、地域規模から地球規模で活動する(1)市民活動、(2)団体・企業、ついで政府としての(3)自治体（市町村＋県）・(4)国・(5)国際機構（国際連合＋国際専門機構）の多元・重層性からなる《都市型社会》にはいってきました。

二〇〇九年、日本でのオソカリシ政権交代のはじまりも、この都市型社会への移行が基本の背景となっています。だが、都市型社会の構造特性としての自治体・国・国際機構という政府の三分化をともなう

《分権化・国際化》の進行では、まだ日本は閉鎖型国家観念による官僚統治をかざした中進国段階にとどまります。日本での二〇〇〇年代の〈閉塞感〉はここからきているのです。

日本では、地球規模での都市型社会への移行、ついでその多元・重層構造に対応できずに、一国閉鎖意識をもち、市民からの《信託》による国の政府の権限についてもいまだに「国家主権」を叫ぶという、ムダな時代錯誤の疑似ナショナリズムによる異常反応すらみられます。国会、あるいはテレビの討論で、〈国会内閣制〉型の政策調整よりも、官治・集権型の明治国家以来つづく、さらに冷戦期の思考習慣をひきついで、いまだに党派対立を誇示する幼稚化した政治家、またタテ割既得権を固守して劣化する省庁官僚、疑似官僚制化する大企業経営者層、くわえて相互同調して過熱するマスコミでのジャーナリスト、テレビ・キャスター、理論家、評論家などを、私たち市民は自治・分権型の都市型社会にふさわしい多元・重層型思考に訓練しなおさなければなりません。

とくに、地域個性をいかす政治・行政、経済・文化の「分権化・国際化」にともない、日本でいまだにつづく官治・集権型発想から《自治・分権型》への、その抜本改革は緊急です。戦後も半世紀つづく、中進国性をもつ閉鎖国家型の日本独善発想は終りにすべきなのです。

自治体職員も今日では、国際政治機構（国連）あるいは一〇〇前後の各種国際専門機構がつくる世界政策基準を、自治体政策・条例の策定、国法の運用にあたっては当然ふまえ、たえず議論のなかでも引照する必要があります。さしあたり、手頃な国際条約集を手もとにおくとともに、ＩＴも利用したいと思います。

くわえて、人口の高齢化・減少という現代世界の最先端問題に、国、おおくの県、市町村それぞれ財政破綻をともないながら、日本は今日直面しています。この《日本転型》に対応する政策・制度の抜本改革・再編は、国はもちろんですが、地域特性ももつため、やはりたえず、市町村、県、つまりそれぞれの異なった政府課題に応じて緊急課題となっています。この緊急課題にとりくみえない市町村、県は、当然市民から責任を問われながら、破綻・破産となります。

以上の諸論点について、くわしくは私の理論史回想でもある『自治体改革＊歴史と対話』(二〇一〇年、法政大学出版局)をみてください。

市民、さらにマスコミないし評論家、ジャーナリスト、学者、また政治家、経営者、公務員などにとっての基本となるべき問とは、明治国家がかたちづくった官僚法学・講壇法学による官治・集権型の思考が、「二〇〇〇年分権改革」を一〇年余へた今日も変っていないことです。このため、残念ながら日本は没落の道をたどっていますが、私が一九六〇年から半世紀、くりかえし、くりかえしのべつづけているように、自治体職員をふくめていずれの職業についていようとも、日本の市民型再構築をめざして、私たちみずからがまず自治・共和の誇り、さらに分権化・国際化への熟度をもつ、「成熟・洗練」した《市民》たりうるか、にあります。

(法政大学名誉教授)

土曜講座を顧みて

自治体学の実践論理

森　啓

一　土曜講座は何を目指したか

土曜講座が目指したのは受講者それぞれが「自分の見解」をもつことである。「自身の思考力」を高めることである。

土曜講座は「知識習得」の場ではない。講師の話を丸ごと受容するのではない。講師の話は「思考の座標軸」を確かなものにするためである。

七〇年代に、それまでの「国家統治・中央集権・行政主導」の国家理論に対して、「市民自治・地方分権・市民参加」の自治体理論が提起された。そして「情報なければ参加なし」として「情報公開条例」などの市民自治制度の制定が始まった。

八〇年代には、「まちづくり」の言葉が広がった。それは「省庁の画一政策」への批判であり「地域実態に合ったまちづくり」の広がりであった。全国各地に参画型の市民運動が様々に展開された。自治体職員の自主研究グループも叢生して、行政学の概念とは異なる「政策研究」の用語が自治体に広がった。

一九八四年一〇月一八日、横浜市内で第一回「自治体政策研究交流会議」が開催された。その会議で「自治体学会の設立」が発議され、二年間の準備活動を経て、一九八六年五月二三日、自治体理論の研鑽を目指す六二〇人が横浜開港記念会館に参集して自治体学会を設立した。八〇年代には自治体の政策自立の熱気が高まったのである。

だが、九〇年代に至り、アメリカの内需拡大要求と政官業癒着の財政乱費によって財政危機が増大した。成長経済の終焉に伴い社会全体に「状況追随思考」が蔓延し「批判的思考力」が衰退した。長く続いた「中央への従属意識」からの脱却は容易ではなかった。

しかしながら、自治体存立の意味は「住んでいることを誇りに思える地域社会」の創出にある。中央従属の惰性思考から脱却するには自治体理論が必要であった。

以上のような状況のなかで、北海道土曜講座は自治体理論の習得を目指し、一九九五年六月、北海道町村会が事務局を担って開講したのである。

二　土曜講座の成果

一六年間の土曜講座には多くの成果があった。

第一は、受講者がお互いに知り合ったことである。

土曜講座の受講者は、問題意識を有するが故に「何とかしなくては」と思い、発言し行動して評価されず、ときには「切ない思い」もしていたのである。職場でも地域でも少数者であった。その受講者が、満席の会場で熱気を体感し隣席と言葉を交し名乗り合い、問題意識を共有し知己となった。土曜講座の当初のころは「講師を囲む交流懇談会」を盛んに開催した。全員の「一分スピーチ」を毎回行った。自分と同じ考えの人が「沢山いるのだ」を実感した。

北海道は地域が広いので、他の地域の人と言葉を交わす機会は少なかった。土曜講座で知り合い語り合って「仲間の輪」が北海道の全域に広がった。何かあれば連絡し合える「親密な仲間の輪」である。「知り合った」ことが土曜講座、第一の成果である。

第二は「話す言葉」「考える用語」が変わった。「地方公共団体」が「自治体」に変わり、「地方公務員」が「自治体職員」に変わった。これまで使わなかった「自治体政策」「政策自立」「地方政府」「政府信託」などの「用語」で考えるようになった。「言葉・用語」は思考の道具である。「言葉が変わる」ことは「思考の座標軸」が変わり、「発想」と「論理」が変わることである。

「地方公務員」から「自治体職員」への用語変化は、「職業意識」「職業倫理観」をも変化させる。「国家統治」から「市民自治」への自治体理論に共感する。

「中央が地方の上位」と思っていた（思わせられていた）長い間の思考習慣からの離脱が始まったのである。

かくして、「目前の問題」を「過去から未来への時間軸」で考える主体が北海道の各地に誕生した。土曜講座の成果である。

第三は、ブックレットを刊行したことである。

講座での共感と感銘は時間の経過と共に薄れるが、ブックレットにしたことで甦る。講義を刊行物にするのは手間のかかることであるが、受講しなかった人にも講座内容を伝えることができた。

㈱公人の友社から刊行して全国の書店に出回り、自治体関係者の間で北海道土曜講座が話題になった。評価も高まった。例えば、講師依頼のとき「やっと私に話が来た」と言って快諾して下さるようになった。いくつかの大学院のゼミでも教材に使われた。

一一六冊に積み重なったブックレットのタイトルは「自治体課題の変遷」を物語っている。

三　なぜ、多くの人が参集したか。

受講申込を締め切る

開講のときは、「七回講座で受講料一万円」の講座に受講者が集まるかを心配した。だが申し込みが殺到した。事務局は三六〇人で締め切って受講申込を断わった。

筆者は「受講したい人を断らないで下さい」と事務局に要望した。「会場に入れなくなります」「受講料を受取って会場に入れないでは責任問題です」が事務局の返答であった。「断らないで下さい、責任問題にはなりませんから」と言い続けた。

二年目は無制限に申し込みを受け付けた。八七四人の受講者を収容できる会場を探したが見つからない。止む無く、借用費は高額だが厚生年金会館の大ホールを借りた。

このときの午前の講師は、五十嵐広三さん（元旭川市長・元内閣官房長官）であった。午後は北大教養部の講堂と大教室の二会場で同時並行の講座を行った。講師は講義が終わると二つ目の会場に直行して同じ講義を行った。

三年目の九七年は、公共施設を毎月土曜日に確保するのは困難であるから、受講者を五〇〇人で締め切って北大教養部の講堂で行った。そのときも「受講したい人を断らないでください」と言い続けた。「満席で溢れ出た光景」の現出が重要だと考えたからである。

例えば、満席で立錐の余地もない。後方は立っている。机の横の通路にも、演壇の周りにも座っている。会場に入れなくて窓から覗いている人もいる。その光景を現出したいと思った。

事務局は無茶で無責任だと言う。けれども、遅れて来た人がそれを見たら、怒って文句を言うであろうか。その光景に驚き「これは何であろうか」と思うであろう。そのような「ありうべからざる状況の現出」が「土曜講座を歴史に刻む」ことになるのだと考えた。

「省庁通達の従属」から「吾がまちをつくる」への思考転換は簡単なことではない。自治分権の講義を聴いて感銘を受けても、職場での実践行動には必ずしも繋がらない。

「知識」が「実践行動」に連結するのは価値軸の転換である。

「価値軸の転換」はこれまでの考え方が揺らぐことである。「心の揺らぎ」である。

「講義を聴く」のも大切だが「何かが始まっている」を「身体で感じる」ことが何倍も重要であると考

えた。

四年目も五〇〇人を超える受講申し込みがあった。「今年こそは会場から溢れ出る」と思い、心躍らせ会場に出かけた。だが会場ロビーには大型モニターテレビが二台据え付けられて椅子が並べてあった。椅子に座しての聴講では「驚嘆の揺らぎ」は誘い出せない。

北海道の各地から参集

稚内、網走、釧路、帯広、函館などの遠隔地からは、未明に出発し運転を交代しながら四時間かけてやってくる。礼文島・利尻島からは前日に船で稚内に渡り、夜行列車で早朝に札幌に着き小憩して一〇時からの講義を聴いた。

宮城県町村会の女性職員は数年続けて航空機で毎回の講義を受講した。交流会で「ボーナスの全額を毎回二泊と飛行機の費用に当てています」と語って拍手に包まれた。

なぜ多くの人が集まったか。「何かが始まる」を予感して「そこに行けば遭遇できる」と思ったからであろう。爆発的な土曜講座の興奮は「時代転換の兆し」を表現していた。会場はいつも満席で熱気に満ちていた。

新聞各紙が報道

当初のころは新聞各紙が大きく報道した。北海タイムスは立見席で聴講する満席の講座風景を写真入りで報道した。北海道新聞はコラム・卓上四季に「公務員が自費で勉強を始めた」と書いた。

「今年も土曜講座が始まる」の新聞報道で土曜講座は五月の風物詩になった。なぜ報道したか。

それまでは、地方公務員は元気のない職業集団であると思われていた。その公務員が自費で勉強を始めた。内容は「自治体の政策課題」であり「政策自立」である。土曜講座は「新鮮な衝撃」であった。何かが始まる「兆候」であると報道関係者も直観したからであろう。

筆者は、第一回土曜講座の開講挨拶で「時代の転換期には学習熱が高まります」「自由民権運動も若者の学習から始まりました」「これは事件であります」と述べた。

四　一六年間の継続講座

一六年は、一〇歳の小学生が中学・高校と進学し、大卒ならば社会人になって四年が経過して、土曜講座を受講している人もいるという歳月である。

若き日の受講者は管理職になり、退職した受講者もいる。首長になった人は一〇人を超える。議員になった人もいる。講座回数は九一回、刊行したブックレットは一一六冊。会場は北海道大学から二〇〇二年に北海学園大学に移った。

一六年継続できたのは事務を担うスタッフの自発的協力が続いたからである。開講当初は北海道町村会が事務局を担った。だが町村会の常務理事が交代して、二〇〇一年からは自発参加のスタッフ編成で講座を続けた。スタッフの顔ぶれは変わったが講座案内・会場設営・講師接遇・講義記録などの用務を献身的に担ってくださった。

幕を引いたのは

土曜講座の役割が終わった訳ではない。自治体課題は日々に変動するから、土曜講座が企画するべき「テーマ」は際限なく生起する。終わった訳ではないのだが、受講者の数が次第に少なくなった。翌年当初の開催に必要な繰越金も減少し、道外講師を依頼するのも窮屈になった。スタッフも少人数になり少しく草臥れてきた。

受講者の減少は、各種の団体や組織が有名講師の無料講演会を開催するようになったことも一因であろう。「メールとホームページ」での開催案内であるから、新規受講者に伝達でき難い。

新聞には、知己の記者が開催記事を書いてくれるのだが、掲載時期の関係で受講申込に連動しない。開講のとき七人であった実行委員も川村と森の二人になった。

北海道土曜講座を「野垂れ死」の終焉にしてはならない。幕引きの潮時であると考えた。

最終講座で宮本憲一先生は土曜講座の再開を繰り返し勧めて下さった。松下圭一先生は「今度は北海道の各地域で小規模の学習講座として復活するでありましょう」と期待を述べて下さった。

五　自治体理論

土曜講座は意味ある果実を蓄積したであろうか。土曜講座の受講者は「自治体理論」を自身のものにしたでろうか。厳しく顧みるならば、十分であったとは言えないのではあるまいか。

例えば「市町村合併のとき」である。

二〇〇〇年に入って省庁主導で市町村合併が促進された。小泉内閣の新自由主義による「効率重視・地方切捨」の市町村合併が強要された。

長野県と福島県の知事は例外であったが、全国の知事は自治省事務次官通知に従った。行政学・行政法学・財政学の学者も府県の合併促進委員に就任して協力した。そして、自治労はなぜか総務省主導の合併促進に沈黙した。

市町村長は「交付税削減の兵糧攻」と「まやかしの合併特例債」で次第に「合併やむなし」になっていった。そのときのことである。

土曜講座の受講者は問題意識のある有能職員であるが故に、人事異動で合併担当に配置された。通常事務の優良公務員では合併問題に対応できないからである。

このとき、自治体理論が試されたのである。

首長と議会は「合併容認」である。職員が真正面から「異を唱える」ことはできない。だがしかし、「如何に考え・如何に行動するかの論理」を考える場面である。

すなわち、自治体職員の雇用主は市民である。首長に雇用されているのではない。合併は地域の重大問題である。四年任期の首長と議員だけで決定することではない。合併は選挙で託した「代表権限の範囲」を超える重大問題である。

土曜講座で学んだ「市民自治理論」「政府信託理論」を基にして「自分は何ができるか」を考えなくてはならない場面であった。

例えば「正当な判断資料」を作成して地域の方々に配布する。それは合併協議会担当の職務範囲であるのだから「自分の裁量でやれる」ことである。

つまりは「どちらを向いて」職務を行うかである。その「論理と実践」が自治体理論の実践である。「市民自治の主体」である地域の方々が合併問題を考える状況をつくり出す。その勇気と行動が「自治体理論の実践」であるのだ。

しかしながら実際は、合併容認の資料づくりに能力を発揮した。自治体理論は「いざそのとき」に役立たなかったのではあるまいか。

「知っている」と「分かっている」

「知識として知っている」と「本当に分かっている」は、同じでない。

「知識としての自治体理論」は「実践の場面」で必ずしも役立たない。

それでは、「知っている」が「分かっている」に転ずる「すじみち」は如何なるものであろうか。

社会生活の場で一歩踏み出せば「困難・嫉妬・非難」に遭遇する。現状の継続に利益を得る陣営からの反撃に遭遇する。不利になり辛い立場になるから多くの人は「大勢順応」になり「状況追随思考」になる。だがしかし、一歩踏み出せば「壁を破って真相を見る」の体験をする。

その体験が「分かる」に至る「すじみち」である。

知っている人と、見えている人の違いは、「一歩前に出た体験」の違いである。

「人は経験に学ぶ」という格言の意味は、一歩踏み出し「困難に遭遇」して「経験的直観」を自身のものにすることである。「分かる」とは実践を経て獲得した認識のことである。経験的直観とは「実践の概念認識」である。

実践理論

理論には「説明理論」と「実践理論」の二つがある。「説明理論」は事象を事後的に客観的・実証的・分析的に考察して説明する。「実践理論」は未来に向かって課題を設定し解決方策を考え出す。「何が課題で何が解決策であるか」を考えるのは「経験的直観の言語化」である。

経験的直観の言語化は困難を覚悟して一歩前に出る実践によって可能となる。大勢順応の自己保身では経験的直観の言語化はできない。人は体験しないことは分からないのである。実践理論は歴史の一回性である実践を言語によって普遍認識に至らしめる。見えている人と何も分かっていない人の違いは、覚悟して前に出た実践の違いである。

未来を構想し現在条件を操作するのは「規範概念による思考」である。「市民自治」も「自治分権」も規範概念である。「規範概念」を了解し納得するには「実践による自己革新」が不可欠である。利いた風な言葉を操るだけの現状容認思考では規範概念の認識は曖昧漠然である。

実践と認識は相関するのである。何事も主体の変革なくして事態を改革し創造することはできない。

六　最終回土曜講座の論点

午前の日程は、松下圭一教授が「市民自治の理論」、筆者は「自治体学の実践論理」の講義であった。筆者は講義の冒頭で、「今朝会場に来る前に私の『新自治体学入門』の第四章（市民自治基本条例）を読み直しました。どこも手直しするところはない、良く書けていると思いました。皆さんも読んでみて下さい」と述べた。

なぜ述べたか。「自治体学の実践論理」の論点を明示するためであった。

最終講座の二〇一〇年八月二八日の時点で、自治基本条例を制定した自治体は一八〇を超えていた。最終土曜講座の直後に行われた北海道余市の町長選挙で、初当選した町長も「自治体の憲法である自治基本条例を制定します」とラジオで抱負を語った。

基本条例は流行現象になっていた。

基本条例が流行現象になったのは、学者が「通常の条例制定手続きでよい」「首長と議会で決めればよい」「市民は制定に必ずしも関わらなくてよい」と言説するからである。

しかしながら、最高規範条例を機能させる担保力は「市民の規範意識」である。

現状の制定手続きで、基本条例をいくら制定しても「自治体改革」は進展しない。

七〇年代以降、「情報公開条例」「環境アセスメント条例」「オンブズパーソン制度」「政策評価制度」「パブリックコメント制度」などの「市民自治制度」が相次いで制定された。だが、どれも機能せず役立っていない。死屍累々である。そして今度は基本条例の流行である。
学者は「市民自治制度」が形骸化したのはなぜか、を考えるべきである。
「制度ができれば一歩前進だ」ではないのである。

学者の理論責任

重大な問題は、自治基本条例の制定という「市民自治社会への重大な節目」が「無意味な流行現象」になっていることである。歳月が経過すれば「一過性の流行」で終わり、自治基本条例の画期的意義は忘れ去られるであろう。

推測するに、現在の地方自治法は「条例制定は首長が提案し議会が議決する」と定めているから、この定めと異なれば「違法の条例だ」と総務省官僚から批判される。「それは避けなくてはならない」と考えた。だが、他方では「基本条例を自治体の最高規範条例である」と主張したい。そこで「条例本文にそう書けばよいのだ」と考えたのであろう。安直思考である。

そこには、最高規範を創り出さんとする「規範意思・規範論理」が欠落している。一方で「自治基本条例は自治体の憲法である」と説明し、他方で「基本条例の制定は通常の条例制定手続でよい」とする。矛盾論理である。

自治基本条例の制定は「市民自治の政治制度」の創出であるのだ。市民自治とは市民の自治力である。市民の自治力を高める「みちすじ」を何故に希求しないのか。通常の条例制定の手続でよいと考えるのは誤りである。

なぜに一歩前に出て実践論理を構想しないのか。なぜ市民は「代表権限の逸脱を制御する基本条例」の制定に関わらないのか。なぜ市民の合意決裁を不必要と考えるのか。市民自治の規範意識を地域に醸成する機会を重視しないのはなぜであるか。

そもそも「市民自治」も「基本条例」も規範概念である。「規範概念による規範論理」を透徹せずして、基本条例の制定を誘導したことが今日の事態の原因である。「制度ができれば一歩前進だ」ではないのである。

さらにはまた、「議会基本条例の制定」が大流行になっている。自治基本条例の制定数を超えたと自賛し評価する人もいる。自治体は首長と議会が一体の制度である。「行政基本条例」と「議会基本条例」がそれぞれ別にあってよいと説明するのは誤りである。（念のために記しておくが、本稿の学者とは、特定あるいは少数の学者のことではない。全国各地で「基本条例制定に関与している学者の方々」のことである。そして、筆者の所見は現在は少数意見である。理論認識は多様であるから今後の論議と研鑽に待ちたい。）

地方自治法は準則法

七〇年代に神奈川県で情報公開条例を制定したとき、法律規定の有無を何ら顧慮することなく、県行政への県民参加を実現するべく思考を働かせた。

また、そのころの革新自治体は、宅地の乱開発に対処する「宅地開発指導要綱」を定めて地域社会を守った。そのとき、自治省、建設省、通産省（いずれも当時）の官僚は「権限なき行政」と非難攻撃した。それに対し、自治体は「国の出先機関にあらずして市民自治の政府である」と規範論理を透徹した。

福島県矢祭町は、自治法規定に顧慮することなく議員報酬を日当制に改めた。地方自治法はＧＨＱ占領軍の間接統治の隙間に内務官僚が作った明治憲法原理の法律である。であるから地方自治法は自治体の上位法ではない。自治体運営の「準則法」であると考えるのが、現在の正当な「論理思考」である。

自治基本条例とは何か

基本条例は「自治体の憲法」であると説明される。憲法は、「権力の行使」に枠を定める最高規範(九八条)である。憲法は政府に対する市民の命令書である。これが近代立憲制の民主政治の制度理論である。自治体の基本条例は、市民が選挙で首長と議会に信託した「代表権限の行使」に枠を定める「最高規範」である。であるから、制定当事者は有権者市民でなくてはならない。首長と議会は基本条例を「遵守する立場」であるのだ。

選挙は「代表権限を信託する契約」である。「信託契約」によって通常の条例制定の権限は「首長と議会」に託されている。だが「代表権限の逸脱」を制御する「最高規範条例の制定権限」は託されていないのである。

学者が、基本条例の制定を「通常の条例制定手続」でよいとするのは、「特権に胡坐する」首長と議員の反感妨害を回避するためでもあろうが、「最高規範意識」を地域社会に醸成する「意思と工夫」を重視しない「やり方」で制定した基本条例が機能する筈はないのである。

自治基本条例は「自治体立法権」「自治体行政権」「自治体国法解釈権」を「市民自治規範」として定めるのである。省庁官僚の論難を怖れて市民自治制度を論ずるは「矛盾撞着」である。基本条例を制定した自治体では、首長や議員の行動様式が変わっているであろうか。行政運営と議会運営が変化し、役所と議会への市民の信頼は上昇しているであろうか。行政不信、議会不信がむしろ増大しているのであるまいか。基本条例制定を推奨する学者に欠落しているのは実践理論である。

自治基本条例には次のような事項を定める。

1　市民自治の理念を明示する（政府信託）
2　説明責任─決定した役職者に責任回避をさせない
3　情報公開─重要な判断資料を秘匿させない
4　全有権者投票─地域の将来に係る重大なことは首長と議会だけで決めないで全有権者の意向を事前に聴く
5　自治体立法権
6　自治体行政権
7　自治体国法解釈権

これらを定めておくのが自治基本条例である。

実践論理

筆者は午前の講義で、「自治体学の実践論理」の論点として、「知識として知っている人」と「ホントウに分かっている人」との違いを次のように説明した。

波風がないときには（自分に非難が返ってこないときには）立派なことを言うけれども、素早く不利になると判断したときには「黙り、曖昧なことを言う」人であると述べた。二〇〇五年の降って湧いた「市町村合併」のときにも、平素は「自治分権」「財政自治」を唱えていた学者は、「合併促進委員」に就任するか、「私は合併問題には中立です」と言明した。そして、徳島市吉野川の河口堰を巡っての所謂「五〇％条項」（住民投票を組織的にボイコットする戦術）が、合併是非の住民投票に援用されたときにも、殆どの学者は黙過した。

かつて、羽仁五郎は「曖昧論理」になる人を「オブスキュランティズム」だと批判した。ノーム・チョムスキーは、アメリカの知識人は論議が「ある限界」に至ると言及を避けると述べた。加藤周一は「大勢順応の知識人の責任」を批判した。

何れも「自治体学の実践論理」に共通する所論である。

午後の会場討論

午後は「自治体改革」を検証する会場討論であった。

会場から「基本条例の制定に市民合意は必要か、講師の見解が異なるようだが」、「栗山町議会は総合計画策定条例を主導しているがどう思うか」の質問が出た。

そこで先ず、「栗山町議会基本条例」についての所見を述べる。

栗山町議会基本条例の根本的欠陥

栗山町議会基本条例は議員職責を自覚した高い倫理感に基づく一歩も二歩も進んだ内容である。だが

「二つの根本的欠陥」がある。

一つは制定手続

栗山町議会基本条例は有権者町民が合意決裁したものではない。だから「基本条例」とは言えない。これはいわば「議会が定めた自己規律の定書」である。代表権限の行使運営の逸脱を制御する最高規範条例ではない。

栗山町議会は説明会を開き町民の賛同を得る努力はしたが、「町民投票による合意決裁」を得てはいない。だから、町の人々には「わが町の最高規範条例を自分たちが関わって制定したのだ」との規範意識が醸成されていない。

栗山町の議会基本条例は通常の条例制定手続で制定したものである。

基本条例は代表権限の行使に枠を定める最高規範条例であるから、制定当事者は有権者市民でなくてはならない。首長と議会は基本条例を順守する立場である。

通常の条例制定権限は、信託契約によって首長と議会に託されているが、代表権限の逸脱を制御する最高規範条例の制定権限は託されていないのである。

有権者市民が合意決裁をする（有権者投票をする）ことによって、「わがまちの最高規範を自分たちが関わって制定したのだ」との規範意識が人々の心に芽生える。この芽生えが市民自治社会には不可欠重要である。

北海道奈井江町では、二〇〇五年の合併騒動のとき町長と議会が呼吸を合わせ、全所帯に「公正な判断資料」を何度も配布して説明会を開き、町民投票を実施した。小学校五年生以上も投票を行った（投票箱は別)。

奈井江町は、降ってわいた合併騒動を「自治意識を高める機会」に転換したのである。これが自治体のあるべき姿である。

二つ目の欠陥

なぜ、栗山町は「自治基本条例」でなくて「議会基本条例」なのか。どうして議会が突出して、あたかも「独りよがり」のように、「これ見よがし」のように議会基本条例を議決したのであろうか。

自治基本条例には「行政基本条例」と「議会基本条例」がそれぞれ別にあってよいと考えるのは(説明するのは)まことに奇妙な理屈である。

自治体は二元代表制度といって、首長と議会が一体の制度である。「緊張関係で運営される」のが望ましいが、別々に基本条例を制定するのは正当とはいえない。何かよほど特別な事情があって、まずは議会基本条例を制定して、町長部局の基本条例が成案になれば、その時点で自治基本条例として合体する。そのようなことも例外として考えられないこともないが、しかし、やはり不自然で不合理である。

優れた栗山町議会であるのだから、町長部局と手を携えて栗山町自治基本条例の制定をなぜ目指さなかったのであろうか。

栗山町の議会基本条例の出現によって、実に安直な議会基本条例の独り歩きが大流行となって全国に広がっているのである。栗山町の制定方式が「良いモデル」のように流行するのは異常である。それを推奨するがごとき言説は誤りである。

まちづくり基本条例と自治基本条例

まちづくり基本条例と自治基本条例を混同してはならない。

●まちづくり基本条例の制定権限

環境基本条例、福祉基本条例、交通安全基本条例、災害防止基本条例などのまちづくり基本条例の制定権限は首長と議会にある。選挙（信託契約）で市民が託したからである。

●自治基本条例の制定主体

自治基本条例は「代表権限の行使に枠を定める」最高規範であるから、制定主体は市民でなくてはならない。「市民が制定主体である」の意味は「民主政治の制度原理として」の意味である。実際には「有権者投票」で制定に関わる（合意決裁する）のである。

代表民主制度と自治基本条例

市民は選挙の翌日には「陳情・請願の立場」に逆転し、首長と議員は「白紙委任」の如く身勝手にふるまう。このため、行政と議会に対する市民の不信は高まり、代表民主制度は形骸化し「議会不要論」の声さえも生じている。

選挙は「白紙委任」ではない。「代表権限の信頼委託契約」である。身勝手な代表権限の行使と運営は「信託契約違反」である。「代表権限逸脱」を制御するのは有権者市民の責務である。かくして、考案されたのが「自治基本条例」である。

だが「行政不信・議会不信」は一向に改まらない。なぜであろうか。「首長と議会」が制定して、「市民」は制定後に広報やホームページで知らされるからである。

曖昧な議会改革論

「議会改革」が論点になったのは栗山町議会基本条例の功績であるのだが、何ら実質を改めない議会基本条例が大流行しているのは、前述した栗山町議会基本条例の根本的欠陥に原因がある。

東京財団・主催の「ニセ議会基本条例を斬る」の討論（二〇一〇・一・二八）では、「住民としっかり向き合って」との見解が述べられた。だが、その「住民と向き合って」の意味は曖昧である。「住民と向き合って」ではなくて、「有権者投票の合意決裁」によって「市民の規範意識を高める」ことが重要である、となぜ明晰に言明しないのか。基本条例の制定権限は有権者市民にあるのだから。

そして、当日の政策提言で「制定過程に市民の参加を図る」を掲げたが、どのような市民参加であるかは述べていない。言葉だけの「市民参加」である。

「ニセ議会基本条例を斬る」の論客は、議会改革の「論点」を認識せず、時流に乗った表皮的論議をしているように思える。なぜそう思うか。「最高規範条例の担保力は有権者市民である」「市民自治とは市民の自治力が高まることである」の論理認識が希薄だからだ。

（財）明るい選挙推進協会の「会報二二六号（二〇一一・一・二四）」も「地方議会改革」を特集しているが、そこには「議会報告会」や「反問権」の有無を、議会改革の先進事例として紹介している。しかし「議会報告会」や「反問権」は、目新しさが薄れて今どうなっているか、を検証すべきである。議会改革の論点はそのようなことではない。

議会改革の論点

自治体議会はあまりにも旧態以前で問題が多過ぎる。だが殆どの議員は「議会にさほどの問題あり」とは思っていない。小手先改革で議会批判をかわせると思っている。そのような認識水準の議員が議会基本条例の制定を競い合っているのである。そしてそれを、学者は一歩前進であると評価し協力しているのである。これが現状である。

議会改革とは旧態依然の議員を総取替することである。それには、住民自身が「目先利益の住民」から「公共性の意識で行動する市民」へと自己を成熟させねばならぬ。

議会改革の急所は「因循姑息の議会慣例」にあるのだ。

1　議員特権

議員は当選したその日から普通の市民とは「異なる世界」の人になる。新人議員も「特権の渦中」に自ら没入して次第に『議員』に化身する。議員になる前には「改めるべきだ」と言っていた「議会改革の問題点」も「二枚舌の思考回路」で正当化し弁護するようになる。初心を堅持する議員も存在するが例外的少数である。大抵の議員は有形無形の不利益・圧力に妥協して『議員』になる。議員になってみれば分かることであるのだが、積年の慣例・慣行の特権が『議員』に化身させるのである。

2　会派拘束

会派害悪の第一は「会派決定で議員の評決行動を拘束する」ことである。会派とは、議長・副議長・常任委員長などの役職配分を得るための「集まり」である。「政策会派」とは名ばかりで、その実態は

「便宜と利害」である。

評決権は議員固有の権利であり責務であるのだ。「会派決定による評決権拘束」は議会改革の第一番目の論点である。しかるに議員も学者も、基本条例にこれを否認する規定を定める論議をしない。

3　議会構成

現在日本の殆どの議会は高齢男性議員である。家計を担う子育て中の年代の人は、議会開催が平日であるから当選しても議員は勤まらない。

自治体議会は性別も職業も年齢も地域を代表していない。住民代表議会とは言えない実態である。議会開催日を平日の夕刻と休日にすれば普通の人が立候補して議員になれる。家計収入の働きをした後の時間で議員活動が出来る制度に改めることである。これは議会で決議すれば出来るのだが議員が改めない。特権を守るためである。

女性議員も極めて少ない。この問題は、女性の有権者が（暫くの間は）女性候補者に全員が投票すれば、ダントツで当選して次の選挙に女性候補者が増えて再び全員が上位当選して（フィンランド議会やルワンダ議会のように）半数は女性議員にすることができる問題である。

4　議員員数

全国的に「痛みを共にして」の言い方で、議会が議員定数を減らしているが、「議員の数を減らす」のではなく「議会不信と議員特権を改める」ことである。議員の数が減るのを喜ぶのは首長と幹部職員である。定数減は議会の監視力を弱めるのだ。監視力低下のツケは住民に還ってくる。

住民が定数減に賛同するのは議会不信が根底にあるからだが、それは浅慮である。経費のことを言うのならば議員報酬を日当制に改めることだ。

北海道議会は定数一〇六名で札幌市内選出の道会議員は二八名である。「政令市は府県並の権限だから、札幌市域は各区一人でよい」「人口割定数に合理性はないのだ」の意見がある。

現代は「NPO活動の市民感覚」が「議員特権の議員感覚」を超えている社会である。市民感覚のあるアマチュア議員でよいではないか。

5　政務調査費

政務調査費は実費なのだから、全員に同じ額を前渡しするのは「公金詐欺取得」になる。現に裁判になっている。調査活動の実費が必要であるのならば、現在の全額前渡しのやり方をやめて、事後に証票を添付して請求する制度に改めることである。なぜ、その改正に議員は反対をするのか。事後請求を「面倒だ」などの理由で賛成を拒むのは公金への感覚麻痺である。

6　与党と野党

中央政治の政党系列を自治体議会に持ち込むのは間違いである。自治体議会は議院内閣制の国会とは制度原理が異なるのだ。自治体は二元代表制の機関対立制度であるから、自治体議会に与党・野党が存在してはならない。議会の全体が執行部と向かい合うのが自治体議会である。「与党だから批判質問はしない」というのは、制度無智であり有権者への背信である。オール与党のなれ合いも感情的対立も議会制度の自殺行為である。機関対立を意図的に誤認して「独りよがり」の議会基本条例の制定が広がっている。異常な事態の流行である。

7　議会改革と基本条例

基本条例にはこのようなことを明記するのだ。だが特権に胡坐する「首長と議員」が制定するのだから明記する筈がない。学者はなぜ「首長と議会で制定してよい」と言うのか。最近は学者も「制定に市民参加を」と言う。だが具体手法は述べない。言葉だけの「市民参加」である。不誠実である。

栗山町「総合計画の策定と運用に関する条例」

会場質問の、議会主導で総合計画を制定する発想は、二元代表制度の首長と議会の役割として問題なしと言えない。議会基本条例で全国に先駆実績を示した「自信」が「二つ目の先駆実績」を企図したのでもあろうか。

（NPO自治体政策研究所理事長）

地方自治土曜講座、十六年の歩み

土曜講座を顧みて

川村　喜芳

プロローグ

平成三年秋、あるシンクタンクの知人から町村職員の間に政策研究グループ立ち上げの動きがある、中心人物は南幌町の嶋田浩彦さんという人だという話を聞きました。町村の人材育成に関心を持っていた頃だったので一度会ってみたいと言ったところ、それから数週間後、嶋田さんが町村会を訪ねてきました。話を聞くと白老町やニセコ町など札幌近郊の町村を回ってメンバーを勧誘しているところだとのことで、研究会がスタートしたら町村会で全面的に支援しようということになりました。その辺の事情が翌年春、町村会の政策情報誌「フロンティア一八〇」創刊号で紹介されています。

十二町村、二十八人のメンバーが参加して「道央圏町村職員政策研究会」が立ち上がり、町村会の会議室で第一回の勉強会が開催されたのは平成五年三月、ある土曜日の午後でした。木佐茂男先生を囲んでニセコ町の逢坂誠二さんや片山健也さん、白老町の高橋裕明さん、星貢さん等その後、北海道の自治体改革をリードしていくことになる若い人材二十数人が集まっていました。
「フロンティア一八〇」平成五年春号の編集後記に、その時の感想がこう書かれています。「三月の土曜の午後、札幌近郊の町村職員が北大の木佐教授を招き、町村会の会議室で政策研究会を開きました。休日、遠くから集まり、会費を持ち寄っての勉強会です。新しい町村行政はこういう人たちが切り開いていくのだろうと思いました」。

あの頃は税収も交付税も毎年大幅に伸び続けていたバブルの絶頂期で、国から補助金や交付税付きの起債、特交をできるだけ多く貰って、ハコものを沢山作ることが良いまちづくりと思われていた時代でした。そんな中で自治体の現状に危機感を持ち、休日をつぶして遠方から集まり、ポケットマネーから講師謝金や資料代を出し合って勉強する職員達がいることに驚き感動し、こういう人たちが将来、新しい町村行政を切り開いていくのだろうと思ったのですが、それは恐らく十年、二十年先のことだろうと思っておりました。ところがその翌年、平成六年秋にメンバーの中から全国最年少の町長が誕生しました。ニセコ町長に就任した逢坂誠二さんです。

研究会はその後神原勝先生、森啓先生等、後に土曜講座の常連講師となる先生方を迎えて一、二カ月に一度の頻度で続けられました。今から思うとこれが地方自治土曜講座のルーツだったと言えるかもしれません。

勉強会が終ると放談会になるのですが毎回必ず出る話題が研修の話でした。小規模自治体の職員はまともな研修を受けたことがない。これから地方分権が始まろうとしている時に、こんなことで良いのかという悲鳴とも言える声でした。

この若い職員達の声がその後の北海道町村会の研修改革につながっていきました。町村会の研修改革は平成六年から始まりましたが、その一つが町村職員の大学院派遣です。北大法学部大学院の修士課程に社会人向けの公共政策コースが開設されたのは平成四年でしたが、平成六年から町村職員を町村会に在籍させ、町村会で授業料を負担して大学院に派遣する制度を始めました。

ところが三万人の町村職員の中から一握りのエリートを育ててどうなるんだ。役場の職員が大学院なんかに行って何になるんだという批判の声が出てきました。大学院の選考試験に合格して正式に入学通知が届いた後になって議会から反対が出て結局、入学を辞退せざるを得なくなった人もいました。

そこで大学院を一握りのエリートだけでなく広く町村職員に開放しよう、出来るだけ多くの町村職員が大学院の公共政策コースの教育の一端にでも触れる機会を作りたいものだという期待もあって始めたのが地方自治土曜講座です。

なぜ土曜講座を始めたのか

なぜ土曜講座を始めたのか。きっかけ、理由はいろいろありましたが、一つは本当に学びたい人が、学べる時に研修を受けることができるシステムはできないものかという問題意識でした。

研修所に入所する職員は基本的には職務命令を受けて来る人達です。町村職員にとっては貴重な研修機会ですから目をキラキラさせて講義を聴いているのですが、道庁から来る研修生はあまり熱心でない。優秀な職員を一週間も研修に出すと上司は困りますから優秀な職員はあまり研修に出したがらないのです。研修所から受講案内がくると誰か暇なやつを遣っておけ、ということもあったようです。

その頃、研修所は江別市にありましたので、道庁の近くに会場を確保して土曜の午後にでも北大の先生方に来て頂き、本当に学びたい人が仕事のない時間帯に研修を受けるという、大学と連携した研修のようなものができないものかという漠然とした思いをずーっと持ち続けておりました。

北海道大学が北海道放送と提携してやっていた放送大学というものがあったのですが、平成三年のテーマは「身近な政治」という地方自治問題の放送講座でした。神原先生が主任講師となり木佐先生、山口二郎先生、畠山武道先生、田口晃先生等北大法学部の行政法、政治学、行政学の先生方による月一回の連続講義で、非常に内容の充実した講座でした。大学と連携した自治体職員研修の具体的イメージはこの放送大学でしたが、土曜講座を始める直接のヒントになったのは自治大学校の研修誌「自治フォーラム」（平成六年十一月号）に掲載された国立教育研究所山田達雄氏の論文です。

山田氏は、大学と地方自治体が共催する公開講座の多くが住民の学習機会として利用され、自治体職員の研修に大学の公開講座を活用しようとする考えが見られないことは驚くべきことであると指摘していました。これを読んで目が開かれた思いになったのですが、実際にこういう企画を大学に持ち込んでも果たして話がスムーズにまとまるものだろうか、というのが先ず気掛かりなことでした。

その頃、北大の法学部長は行政法の厚谷教授でした。それで行政法の木佐教授を通して、大学と提携した自治体職員研修の可能性について法学部長のご意向を聞いたところ全面的に協力しようというお言葉を頂きました。

しかし実際に大学の施設を管理しているのは事務局の官僚です。国立大学ですから大学の事務局にこういう企画を持ち込んでも、規則や手続きなどいろいろと面倒なことを言われるのではないのか、話がスムーズにいくだろうかとやや気が重い感じもありまして、事務局に話を持ち込むのをためらっておりました。風連町から北大法学部の大学院に派遣されていた桑原隆太郎さんに北大の公開講座で大学の施設を恒常的に使っている例はないか調べて貰いましたが、そういう例もありません。町村会事務局で研修を担当していた木下さんもいろいろと仕事をたくさん抱えて余裕がない感じでしたし、一年見送ろうかと考えた時期が一時ありました。

タイミングが合ったリカレント教育推進協議会の動き

ちょうどその頃、平成六年の十二月に入った頃だったでしょうか、北大教育学部の山田定市教授が町村会にお見えになって、社会人の生涯教育推進のためのリカレント教育推進協議会というものを北海道で立ち上げることになった。協議会が実施する生涯教育事業に対しては三年間、文部省からの補助もある。ついては北海道町村会も協議会の一員として加入してくれないかというお話がありました。

その日私は出張で不在でしたが報告を聞いて、この協議会を利用すれば大学の施設を使った自治体職員向けの公開講座が出来るのではないか思いました。それで早速山田先生に電話をして、実はこんなことを考えいるのだがリカレント教育推進協議会の事業として取り上げてもらえないだろうか。これからご相談に伺ってよろしいでしょうかと聞いたところ、いや私の方から伺いましょうということで、先生が大学事務局の職員を連れて町村会にお見えになりました。そこから一気に動き出したのです。

大学の方からこういう呼び掛けがあろうなどとは思ってもいなかったことで、まさに「渡りに船」、「天の救けだ」と思いました。町村職員の学習熱の高まりを背景とした町村会の動きと北海道リカレント教育推進協議会の設立が絶妙のタイミングで一致したことが、大学と提携した地方自治土曜講座の実現につながったのです。

「土曜講座」というネーミングのヒントになったのは矢内原忠雄先生の著書でした。自宅の書斎で構想を練っていた時にふと書棚をみると矢内原忠雄「土曜学校講義」という本の背表紙が目にとまりました。これだと思って講座名は「地方自治土曜講座」としました。

法学部長の了解を頂き、大学の施設利用についても山田先生と事務局の了解を頂いたので直ぐに神原先生にお会いして、法学部の教官の中から適当な講師を人選し、本人の了解を取り付けて頂けないかとお願いしました。

年が明けて直ぐ神原先生から講師名と演題、時間割を書いた地方自治土曜講座開催計画のファックスが入りました。これをベースに先生方との調整を進め、六月から十一月までの半年、月一回、土曜日の朝十時から午後四時半まで、一コマ二時間、一日三コマの講義で構成するカリキュラムを決めました。

初年度の講師と演題は神原勝教授「現代自治の条件と課題」、森啓教授「自治体の政策研究」、山口二郎教授「現代政治と地方分権」、畠山武道教授「行政手続と市民参加」、木佐茂男教授「自治体法務とは何か」、間島正秀教授「地域経営の視点と人材、能力開発」等で、北海学園大学の佐藤克廣教授はアメリカの大学で研究中だったので演題未定として講師陣に加えました。この他、先駆的なまちづくりで知られていた池田町の大石和也町長、鷹栖町の小林勝彦町長にも講師をお願いし、全部で十科目の構成としました。

平成七年一月下旬には北大学長を会長とする北海道リカレント教育推進協議会が設立され、協議会が主催し、実行委員会が事業の委託を受け、事務局は町村会が担当するという地方自治土曜講座の実施体制が決まりました。二月には土曜講座の実施に必要な予算案が町村会の理事会で承認され、三月下旬には森教授を委員長とし神原教授、木佐教授と町村会常務理事で構成する実行委員会を立ち上げました。そして「いま地方分権の時代、地方自治土曜講座で明日の地方自治を学ぼう」と大書した全講師の顔写真入りポスターとチラシを作り、全道の市町村に発送しました。

これは事件ではないか

実現の目途は立ちましたが、受講者がどれだけ集まるのかという心配がありました。南幌町の嶋田さんにどうだろうと電話したところ、自分のネットワークだけで五十人は集まるよ、というので参加者百人の想定で事業計画を作り町村会の理事会に出したのですが、百人集まるという自信はありませんでした。ところが四月下旬、実施要領を発表したあとの展開は予想外でした。新聞に実施要領が報道されると同時に町村会の電話が鳴りっぱなし。全道各地から希望が殺到し、たちまち百人を突破してしまいました。申し込みが百人を超えたところで会場を法学部で一番大きい二百八十人収容の教室に変更しましたが、その後も電話での申し込みがあとを絶たず会場の収容能力を越えた時点で一般市民の申し込みはお断りし、三百六十人で申し込みを打ち切りました。

平成七年六月三日、土曜講座開講の日、北大法学部八番教室は全道各地から集まった自治体職員で溢れました。座席に座りきれない受講者のために教室の両脇通路と後部フロアーに補助椅子を並べましたが、それでも座り切れず立ったままで講義を聴く人も大勢いました。

教室を埋め尽くした受講者の熱気の中で実行委員長の森教授は「これは一つの事件と言うべきではないか！時代の大きな改革の兆しが現実となりはじめた象徴的な出来事ではないか」と感動的な開講の辞を述べられました。そして「この講座は知識を習得する場ではありません。ものの見方、考え方を自分なりに受け止めて、自分自身で地域再生の自治体理論を習得していただく。そのような機会になれば大変有難いと思っています」と土曜講座の趣旨を話されました。

土曜講座開幕の第一講は神原教授の「現代自治の条件と課題」でした。これは一九六〇年代から八〇年代に至る自治体の躍進期を振り返りながら、現在の地方自治がどのような構造を持ち、どのような課題を抱えているのか、そして分権の時代を迎えて自治体が「市民政府」として自立するためには何が求められるのかを論じたもので、その後十六年続く地方自治土曜講座の序論と呼ぶに相応しい四コマ、八時間に及ぶ連続講義でした。

毎月の講座では講義が終ってもすぐに帰る人はあまりいませんでした。教室の感動の余韻をそのまま居酒屋に持ち込んで、みんなが自治への思いを語り合っていました。「未明に起床し、眠い目をこすりながら」車を運転して遠隔地から参加する職員も、「帰路は満足感と幸福感と充実感に溢れて」（参加者の感想）帰っていきました。自治・分権の熱気が北海道に溢れていました。

マスコミの反響も大きく、北海道新聞が大きく報道したほか社説やコラム欄で取り上げ、北海タイムスも社説と一面トップ記事で報道、朝日新聞は本社編集委員の大和田建太郎さんが北海道まで取材に訪れ、全国版に写真入りで大きく報道してくれました。

八百七十人が殺到した二年目の土曜講座

二年目は前の年の失敗に懲りて北大で一番大きい五百人収容の大講堂を用意したのですが、八百七十四人という予想をはるかに上回る申し込みにまたも見込み違いとなりました。日を追って増え続ける受講申し込みを横目に事務局は会場さがしに血眼で走り回りましたが適当な会場が見つからず、初日の開講式と一講目は厚生年金会館の大ホールで、その後は北大の五百人収容と三百五十人収容の教室を二つ使い、二クラス編成にして同じ内容の講義を別々の教室で二度話してもらうという二部授業方式を取りました。

開講の日、「地方自治土曜講座会場」と大書した看板を掲げた厚生年金会館玄関ホールの受付に受講者が続々と集ってくる光景は壮観でした。会場を埋めた受講者を前に元内閣官房長官五十嵐広三氏の一講目の講義が始まりました。五十嵐氏は旭川市長時代や建設大臣、内閣官房長官時代の経験を振り返りながら「中央から与えられる分権ではなく、地方から奪い取る分権でなければならない」、「僕の仕事では僕が市長であり、町長だという気概で頑張ってほしい」と訴えました。

また二年目から道庁の提案で講義の模様を自治体衛星通信ネットワークを通じて全国の自治体にテレビ中継しました。

三年目以降は二部授業方式という変則を解消するため、募集定員を収容能力の限界である五〇〇人に限定しました。そして四年目の平成十年からは会場をスタート時の法学部八番教室に戻し、教室前のロビーにモニターテレビ二台と椅子を並べて、教室に入りきれない受講者にはロビーでテレビ受講をしてもらいました。

また三年目からは道外の講師もお招きすることにして西尾勝教授、阿部泰隆教授、鈴木庸夫教授、兼子仁教授、保母武彦教授、三鷹市の岡田行雄さん、国分寺市の小口進一さん、小金井市の加藤良重さん等から地方分権改革の動き、政策法務論や地域産業論、先駆自治体の取り組みなどを話して頂きました。

道外からは、その後もほぼ毎年講師をお招きし、松下圭一先生、宮本憲一先生、神野直彦教授、五十嵐敬喜教授、多治見市の西寺雅也市長、岩手県藤沢町の佐藤守町長、長野県栄村の高橋彦芳村長、島根県の原誠一さん、三鷹市の秋元政三さん、宮崎県綾町の森山喜代香さん、福島県矢祭町の高信由美子さん等にお出でを頂きました。松下圭一先生には平成十二年度以来、六回に亘って地方自治土曜講座にご登壇頂き、宮本憲一先生、西尾勝先生にも度々ご登壇頂きました。

受講者の反響

講座に参加する自治体職員の自治・分権の学習に対するひたむきな取り組みには本当に心打たれるものがありました。毎月一回の講座に参加するため朝四時に自宅を出てマイカーで往復十時間の道のりを駆けつける人、網走管内の女満別空港から飛行機で通う人、日本列島最北端の島礼文島から参加する人もいました。フェリーと夜行列車を乗り継いで、金曜の夜から日曜の昼まで二泊三日の行程です。宮城県町村会から三年間毎年、参加された方もいました。出席する度にお小遣いから出す六万円の旅費も土曜講座のためなら惜しくないと言っておりました。

三〇〇キロの道のりを車で走り、一万円の受講料と宿泊費を支払い、土曜の休日をつぶしてまで毎月の講座に通い、終日教室の堅い椅子に座って熱心にノートを取り続ける受講者を見ながら私は、彼らを駆り立てるものは一体何なのだろうといつも考えておりました。単に知識を学ぶだけの研修であれば、これほどの犠牲を払ってまで参加する人はいないでしょう。

「自治体行政とは法律の執行ではなく地域から政策を創り出していく作業だ」と繰り返し強調されたメッセージが、長い間国との上下主従関係の中で仕事をしてきた自治体職員、特に人口減、高齢化と産業の停滞の中で直接住民と接しながら、自治体のあり方を真剣に考えてきた小規模自治体の職員の共感を呼んだと思うのです。

受講者達は何を求めて土曜講座に集まったのでしょうか。当時、町村会に寄せられた受講者の声を読むと「分権の時代の町職員として町づくりの方向を模索し、政策研究活動をしながら理論的バックボーンの弱さを痛感していた」町職員や、「住民の要望をどう施策に実現すべきか」悩んでいた保健婦さん等が土曜講座の回覧を見て「これだと思い、躊躇なく参加した」といいます。「このままでいいのか。地方分権という時代の流れの中でとにかく何かをしなくてはという思いで飛び付いた」職員や「政策提言のできる議員を目指して」参加したという議員さんもいます。

そして実際に参加して、会場の熱気の中で語られる講義、それまでの職員研修では学んだことのない新鮮な地方自治論の講義に圧倒されたのです。「目からうろこが落ちた思い。これから何をすべきかを教えられた」、「自治体の可能性を再発見した」、「自治体と市民との関係を再発見した」、「常々、疑問に思っていたことがハッキリと見えるようになった」、「自治とは何かを改めて発見した」というのが皆さんの感想でした。

受講者の感動はその後も続きます。「久しぶりの土曜講座でしたが、熱気は相変わらず凄いものがありました」、「創造的な政策能力の必要性を理解できた。やる気を起こす講義にバンザイ！」、「土曜講座を初めて受講し、ブックレットで読むのと直接話を聞くのではぜんぜん違い感激しました。札幌まで車で七時間かかりますが頑張って通おうと思います」などは三年目、四年目の講座で寄せられた感想です。「会場に溢れるばかりの大勢の参加者に驚きと感動を覚えました」という言葉も寄せられていました。

会場の熱気の中で山口二郎教授は「これほど熱心に聴いてくれる聴衆には滅多にめぐり逢えるものではない」と、講義の中でその思いを吐露されていました。講師と受講者の心が響き合っていました。

地域版土曜講座とサマーセミナー

土曜講座を始めた翌年の平成八年度から受講者が中心となって自然発生的に地域版の土曜講座が始まりました。最初に立ち上げたのは上川支庁管内の市町村でした。北海道町村会に二年間派遣されていた川村康弘さんが上川町村会に戻ったのを機会に、愛別町の鈴木彰さん等とともに始めたものでした。同じ年に北海道檜山支庁の地域政策課長だった橋口国代士さんが檜山地域政策セミナーを立ち上げ、平成九年には釧路市の工藤洋文さん、標茶町の佐藤吉彦さん等が中心となって釧路土曜講座がスタート。同じ年に空知セミナーが始まりました。

平成十年には北見市の今田好春さん等が中心となってオホーツク土曜講座が、平成十一年には中頓別町の小林生吉さんの呼びかけで稚内市との共催による宗谷土曜講座が、また十勝支庁管内市町村の持ち回りによる十勝土曜講座が始まりました。平成十二年には根室土曜講座が、平成十三年には渡島地方自治土曜講座がこれに続きました。

各地域の土曜講座には、それぞれ百人から三百人の参加があり中には三百九十人が参加した講座もあったといいます。

また平成八年度から一泊のサマーセミナーを始めました。地方の受講者から札幌以外の市町村でも開催してほしい、講義を聴く一方でなく講師と受講者との討論の時間もほしいという希望に応えたものです。平成八年のサマーセミナーは池田町の田園ホールで四百六十人が参加して行われました。山口二郎、森啓、間島正秀、田口晃、福士明等の諸先生による講義の後、夜は五クラスに別れて講師を囲むゼミナールの時間を設け、深夜の一時、二時まで熱のこもった議論が交わされました。

平成九年の洞爺湖サマーセミナーには西尾勝教授を招いて「地方分権推進委員会の成果と限界」と題して講義をお願いし、夜は大広間で缶ビールを片手に「分権時代の自治体職員」をテーマに西尾先生を囲んで講師と受講者全員でこれからの自治体職員像を巡り活発な議論が交わされました。

平成十年のサマーセミナーは辻山幸宣教授を招いて層雲峡で、平成十一年は篠原一教授を招いて十勝管内然別湖畔で、平成十二年は田村明教授を招いて大雪山天人峡で開催。その後一時中断し平成十六年は辻山幸宣教授と高橋彦芳栄村長を招いて新十津川町で、平成十七年は「連合自治」をテーマに奈井江町で、平成十八年は「議会改革と議会基本条例」をテーマに栗山町で、平成十九年は「自治基本条例」をテーマに白老町で最後のサマーセミナーを開催しました。

ブックレットの刊行

土曜講座ブックレット刊行のヒントになったのは岩波ブックレットのワイツゼッカー演説でした。「荒れ野の四十年」の標題で刊行されたこのブックレットは一九八五年、敗戦四十周年に当たりドイツ連邦議会で行われたワイツゼッカー大統領の演説全文を収めたものですが、演説の時間は四十五分です。四十五分の演説で一冊のブックレットになるのだから一回二時間の講義記録はちょうどブックレット一冊の分量になると考えて、テープ起こし、印刷費等を予算に計上し、「地方自治土曜講座ブックレット」として逐次刊行して市町村に配布することとして町村会理事会の承認をとりました。

開講直後の平成七年から刊行が続けられ、当初は町村会事務局で編集、発行していましたが、平成十一年からは公人の友社の発行に切り替えました。また、平成十三年までは講師が承諾した講義記録は全てブックレットに収めておりましたが、講座がボランティアの自主運営となった平成十四年からは年五冊の発行となり、平成二十二年の一一六号まで発行を続けました。

土曜講座ブックレットは自治体理論や新しい行政手法を平易な言葉で記述しているのが特色で、自主研究グループのテキストとして活用されたところもあったようです。発刊当初の頃、西尾勝教授から東大でゼミの教材に使いたいとのお話があり、ワンセットお送りしたこともありました。政策研究大学院でも横道教授がテキストに使っておられたと聞いております。

ブックレットは自治・分権への熱い思いを伝えるメッセージ集でもあります。逢坂誠二ニセコ町長、北良治奈井江町長、山田孝夫東川町長、見野全白老町長、登別市議会の松山哲男議長、厚岸町議会の室崎正之議員、、多摩の自治体職員等による自治体改革と町づくりの実践報告は受講者に大きな感銘を与えました。

ボランティアの自主運営へ

平成十三年、町村会常務理事の交代に伴い、北海道町村会はこの年限りで土曜講座を終了することとしました。これを聞いた受講者達が急遽札幌駅北口の居酒屋に集まったのは平成十三年秋のことでした。南幌町の嶋田さんを囲んで受講者達は、これで土曜講座を終わりにするわけにはいかない。町村会が止めるなら俺たちの手で続けようと有志のボランティアによる組織を立ち上げることにしました。事務局長の嶋田さんのもとに札幌市の長谷部英司さん、渡辺三省さん、道職員の渡辺克生さん、田中栄治さん、ニセコ町の福村一広さん、白老町の星貢さん、高橋裕明さん等がスタッフとなり、札幌駅前のＮＰＯサポートセンターにデスクを置いて有志の自主企画、自主運営による土曜講座が始まりました。

新生土曜講座は平成十四年六月十五日、会場を北海道大学から北海学園大学に移し、大教室を埋めた三百五十人の受講生を迎えて無事開講しました。この年の受講者は実人員で四百二十九人。ボランティア組織の運営になっても受講者は減りませんでした。

事務局長の仕事はその後、嶋田さんから長谷部さん、道職員の後閑匠さん、札幌市職員の佐藤潤一郎さん、今川かおるさんへと引き継がれ、スタッフも札幌市の金子慎二さん、松村達哉さん、小樽市の藤本浩樹さん、岩見沢市の上仙純也さん、新十津川町の大山幸成さん、道職員の荒木雅彦さん、町村会の青田伸美さんへと引き継がれてきました。

年五回、サマーセミナーを含めると六回に及ぶ講座の準備にかけるエネルギーは膨大なものです。年間の講座の企画に始まり、講師との連絡、調整、切符、ホテルの手配、受講者の申込み受付け、資料の印刷、会場の設営など、多忙な仕事の傍ら私生活を犠牲にして講座の運営に黙々と汗を流しているスタッフの皆さんの無償の奉仕を、私はいつも頭の下がる思いで見ておりました。

土曜講座を立ち上げ、継続するエネルギーとなってきたのは自治体職員自身の熱意でした。

職員に勇気を与え、意識を変えた土曜講座

土曜講座が残したものは第一に自治体職員の意識改革でした。

自治体とは国家統治機構の末端に連なる単なる行政機関ではない。市民がその暮らしと権利を守るために市民自らの手で組織する政府であり、「市民自治機構」であるとする「市民自治」の理論は土曜講座で繰り返し強調されたテーマでした。自治体職員がこの「市民自治」の精神を体得したことが土曜講座の第一の成果でした。

土曜講座が市民と自治体職員が一緒に学び、議論する場であったことも、職員の意識改革に大きく影響したものと思われます。市民の受講者は議員も含めると全期間を通して常に一〇パーセントを維持していました。市民の中にはNPOなど市民活動をしている方も多く、そういう方々が積極的に発言する質疑や討論には公務研修所の官製研修にはない緊迫感があり、公務員の意識に大きな影響を与えました。

公務員の意識改革は研修所で講話を聞いたり、「倫理研修」を受けるだけで実現するものではありません。市民との交流の中で、市民の批判にさらされる体験を通して職員自らが自覚し、自己改革する以外にないものだと思いますが、市民とともに学ぶ土曜講座は自治体職員の意識改革に大きな役割を果たしてきたものと思います。

土曜講座は日頃、住民と接する機会の少ない道職員にも大きな影響を与えました。

「いつの間にか役所の事務に流されるようになっていた」道職員は「自治体と市民との関係を再発見した」という感想を寄せています。「市町村職員の熱気と学習意欲に触れて刺激を受け焦りを感じた」、「道庁は今、その存在意義を問われている」と心情を吐露する道職員もいました。市町村職員の熱気に触れ、市民とともに学ぶことで、それまで頭だけで理解していた市民自治の意味を「身体や感覚で理解」する体験をしたのです。

土曜講座開講の年、道職員の受講者は全体の七パーセントに過ぎませんでしたが、その後急激に道職員の受講者が増えて、五年目の平成一一年には二〇パーセントに達していました。

土曜講座は改革を志す自治体職員の集いの場であり、勇気を与える出会いの場でもありました。改革を志す職員は役場で孤立し時には異端視されることもあります。そういう職員が土曜講座で同じ志を持つ仲間に出会い、勇気づけられたのです。

「全道各地から遠路駆けつけ、熱心に聴講する仲間がこんなに沢山いることに感動し勇気づけられ、自治の現場から確実に改革のうねりが始まりつつあることを実感した」。これは、そういう職員から寄せられた感想です。

土曜講座の会場に溢れていた熱気は、自治体改革という同じ志を持つ同志が北海道の各地から集まり、触れ合う中から生まれた熱気だったのだろうと思います。その熱気に触れ、感動を味わうことが、改革を進めるエネルギーともなったのです。

土曜講座の成果

土曜講座を始めた年、取材に来た朝日新聞編集委員の大和田建太郎さんから「自治体職員が一生懸命勉強していることはよく解ったが、単なるお勉強会ということではなく、どこかの自治体で何か具体的に改革に手を付けているという事例はあるんですか」と聞かれて、ハタと返答に窮したことがあります。ある地方自治関係の団体職員から「勉強ばかりやって何になるんだ」と冷やかされたこともありました。

しかし、それから四年後、町長を先頭に毎回二十人の職員が土曜講座に参加したニセコ町は日本経済新聞社による平成十一年の全国市町村長アンケート調査で、湯布院町、綾町に次いでモデルとしたい町の第三位にランク付けされ、別の機関による平成十五年のアンケート調査では第一位にランク付けされました。

「かぶりつきの席で聞いた講義と三百人の同志達の熱気が迷いを吹っ切れさせ、うわっと目の前が明るくなった」と述懐する芽室町の西科純さんは、町の広報誌を「お知らせ広報」から町民と政策情報を共有する「政策広報」に変え、全国広報コンクールで第一位の自治大臣賞を受賞しました。

住民と職員合同の政策研究、政策提言活動、職員の出前トーク等々自治の新しい試みに挑戦しているまちのキーパーソンは、殆どが土曜講座の常連です。

議員の受講者も議会改革の中心的な役割を果たして来ました。第一回の講座から殆ど毎年続けて土曜講座に参加した登別市議会の松山哲男議員は、市民と議会との連携や議員の政策能力向上など「あるべき議会像」を求めて、議会の委員会審議に市民が参加して議員と意見を交わす「議会サポーター制度」や議員の発案を議会意志として政策提言する「協議機関の設置」を議会基本条例に盛り込むなどの取り組みをしています。また、他の市町村では、議員の出前トーク、地区別の移動議会、通年議会制等の改革に取り組んでいる議会もあります。

これらの改革が全て土曜講座の成果とまでは言えませんが、一九八〇年代から数人の自治体学会会員を中心に進められてきた改革の試みが、土曜講座をきっかけとして一気に全道に広まったものと言えるでしょう。私は一九九〇年代以降の北海道の自治分権の流れをリードしてきたのは北海道自治体学会であり、地方自治土曜講座ではなかったかと思うのです。

北海道の自治体職員で、これまで一度でも土曜講座に参加したことのある人の数は、地域版土曜講座も含めると、市町村職員七万人の一割に達しているものと思われます。また土曜講座には当初からニセコ町、八雲町、江差町、喜茂別町、穂別町などから何人かの町村長が受講生として参加していましたが、職員の受講者からも、その後町村長に当選した人、議会議員として活躍している人も多く出ています。副町長、教育長などの特別職に昇格した人もいます。土曜講座から巣立った市町村職員の多くが今、役場の管理職ポストに就き、ようやく市町村の現場で影響力を行使できる立場に立つようになりました。

十五年前に土曜講座を始めた頃、土曜講座的な、自治体学会的な議論をする人は役場の中で異端者扱いをされたといいますが、今は日常的に土曜講座的な話題が出るようになった自治体が増えているとも聞きます。

しかし土曜講座に全く関心を示さなかった自治体があることも事実です。そういう自治体と土曜講座を受講した職員の多い自治体で、ハッキリと差が出てきているように思われます。職員が有能かどうか、勤勉かどうかとは別次元の問題です。しっかりした行財運営をしているかどうかとも別次元の問題です。「市民自治」の精神や自治への熱い想いが伝わってくる自治体と、そうでない自治体の違いが、ハッキリと出てきているように思われるのです。

土曜講座がきっかけとなって仕事のスタイルが変わったと言う自治体職員が多くいます。「市町村に電話で取材していると、この人は土曜講座に出ている人だなとすぐ分かる」と語る新聞記者もいました。土曜講座の成果は目に見える形で出てきているように思います。

新たな旅立ちへ―十六年を振り返って―

土曜講座を立ち上げ、継続するエネルギーとなったのは自治体職員自身の熱意でした。

三年、五年と続けていくうちに「もう、そろそろこんへんで…」という声が何度か出たこともありますが、その都度、是非継続して欲しいという受講者の圧倒的な声に背中を押されて十六年続けて参りました。

この講座にかける情熱で土曜講座を引っ張ってこられた森啓委員長、神原勝先生はじめ歴代実行委員の皆様、度々講師としてご登壇いただいた松下圭一先生はじめ多くの先生方、そしてなによりも平成十四年以来、九年に亘って講座の一切の実務をボランティアで引き受けて下さったスタッフの皆様あってこその地方自治土曜講座でした。

「どうして土曜講座を止めるんだ、地域主権改革が本格的に動き出そうとしている今こそ土曜講座が必要ではないのか」という声が聞こえてきます。現在の実行委員会のメンバーとスタッフによる土曜講座は、一旦終了することになりますが、また改めて形を変えて新しい人たちによる新しい土曜講座がいつの日か再開されることを期待したいと思っております。

平成二十二年八月三十日、土曜講座の最終講義で松下圭一先生は、今日を土曜講座最後の日ではなく、新たな土曜講座への出発の日としようと激励されました。

宮城県町村会の矢野由美子さん、島根県の原誠一さん、入間市の清水英弥さん、京都から駆けつけた龍谷大学の土山希美枝さん等も参加した夜の打ち上げパーティーで嶋田さんは、土曜講座を続けてきた十六年は小学校に入学してから大学を卒業するまでの十六年にあたる。今日はその目出度い卒業の日だと乾杯で挨拶しました。

土曜講座は幕を閉じましたが、講座で学んだ成果が問われるのはこれからです。地方自治土曜講座閉講の日は、受講者達の新たな旅立ちの日でもありました。

土曜講座を顧みて

十六年の土曜講座を省みて　―北海道の住民自治への寄与―

宮本　憲一

地方自治の研修会は各地にありますが、十六年間も一貫して、「自治体政策の理論と政策」を多面的に追及し、それぞれの分野の第一人者に講演やシンポジュウムを依頼し、さらにそれを出版して、市民の学習を進めた組織は稀であります。北海道が中央政府の植民地でなく、進取の気性を持った住民の自治の島であることを示した事業です。この十六年を振り返ってみますと分権と環境が政治の中心的課題となり、土曜講座の内容もそれらを中心に企画されてきました。

しかし、現実はこれらの課題を解決するというよりは、環境と自治の危機が深まっていくようでありますす。TPPの導入を見ても経済グローバリゼイションが先行して、北海道の環境や産業は危機に陥るでありましょう。このような時に土曜講座が終焉するのは残念なことです。

この講座の最初の頃は北海道町村会がやっておられたわけですが、日本の最も基礎的な自治体である町村会が、こういう優れた学習の会を持たれていることについて、私はかねてから非常に大きな敬意を払っておりまして、ほかのところへ行きましても、町村会でこういうしっかりした自治体に関する講座を持つべきだということを強調してまいりました。

私はやはり「知は力なり」と思っておりまして、特に新しい社会を作っていくのは民衆・市民ですが、市民はお金も権力も持たないのでありまして、持っているのは「知力」なのです。

かつて公害が深刻であったときに、その公害を克服できたのは、ドイツの環境政治学者ワイトナーも強調しているのですが、日本の市民の力だと言っております。そういう意味では市民が世の中を変えていく、あるいは直面する困難な問題について市民が力を発揮する原動力は「知力」なのです。学習に次ぐ学習、その中で鍛えられた課題を実践するというところが本筋なのでありまして、そういう意味ではこういう「土曜講座」がぜひ何らかの形で継続されることを願っています。

北海道は自然が豊かですし、ヨーロッパ型の維持可能な地域を足もとからつくっていく可能性があります。しかし、北海道は沖縄と同じで中央政府が非常に大きな権限をもって支配してきた地域です。沖縄の問題でも私は沖縄開発局をなくせということを言ってきたのですが、内閣の支配機構と補助金政策がなくならないかぎり沖縄の自治は回復しない。沖縄が本当に基地反対で自立していこうと思うならば、沖縄開発局をなくしてもらわなければ始まらないです。北海道は長い中央政府支配があったわけですから、そこから自治を回復していくという道筋が本当に始まらなければいけないし、また始まっているわけですが、それを前進させていかなければなりません。

こういうときの主体形成をどうするかということになりますと、これはもう学習以外にないのです。市民運動というのは学習が力をつけるのです。知の力というものを土台にして市民運動というのは進みますし、住民自治というのは進んでいくのです。

私も実は一九七九年に大阪で「宮本塾」を開きました。これは大阪都市環境会議（通称「大阪をあんじょうする会」）と言われていたのですが、八〇年代までは、市政に対し大変力を持っていた時代があったのですが、革新勢力の沈滞もあって力を失いました。

その後、農村の衰退を調査し、学習しょうということで「信州宮本塾」というのを一九九二年に佐久地域につくり、二十年近くずっと学習会を持ってきました。小さな力ですが、実はそういうものを十年ぐらい続けていると一つの力になると思っております。そういう意味ではこの「土曜講座」が十数年、もう二十年近いでしょうか。続けられて、その中からたくさんの活動家が生まれ、そしてその中から自治の研究が進んでいったのは大変立派なことであったと思います。

「知は力なり」であります。住民自治の力を進めるために、この講座が再生されることを願っています。

（大阪市立大学名誉教授）

土曜講座を顧みて

土曜講座の意義

山口　二郎

土曜講座は地方分権を知的なレベルで推進する運動の嚆矢だったと思います。北海道町村会の小林勝彦会長、川村喜芳常務理事のお二人のコンビがあったからこそ、このような先駆的な運動を町村会が担ってくれたのだと、今でも感謝しています。

私は、一九九五年の立ち上げの時からずっと講師を務めてきました。特にびっくりしたのは、二年目の講座でした。北大の大教室に収まりきらず、二部授業をしたくらい、人が集まってきました。自治体職員はそれだけ知的なものに飢えていたのでしょう。

この講座からは多くの人材が育っていきました。今では首長を務めている人もいます。こうした人材への投資は、これからますます成果を現すと思います。

地域主権が叫ばれる今、かつての学習熱が感じられないことは残念ではあります。しかし、もはや学習ではなく、それぞれが実践の中で地域のあり方を考える時代になったということでしょう。

近い将来、次の世代の人々がまた土曜講座のような運動を起こすことを期待しています。というと私も年を取ったように響きますので、その時には私も参加したいと思います。
最後まで講座を支えたスタッフの皆さんに心より敬意を表します。

（北海道大学法学部教授）

土曜講座を顧みて

土曜講座終講に際して

小林　勝彦

北海道大学の広い教室に満員になった職員たちの目は輝いていた。

市町村の職員研修や自治労主催の研修とはひと味違った「土曜講座」は地方自治体職員に「学ぶことの大切さ」と「職員自身の無限の可能性」について自覚させた素晴らしい講座だった。

このたび「土曜講座」終講の報に接し、一抹の寂しさを痛感するとともに「土曜講座」の果たした役割と意義を検証したいと思う。

「土曜講座」に触発されて誕生した「北海道自治体学会」は自治体職員と学者、市民を幅広く組織した学会として活躍しているのも頼もしい限りだ。

札幌中心に対抗する意味ではないが、道北地域にも「土曜講座」をとの要望に応えて川村上川町村会事務局長や鈴木彰氏（愛別町）等の努力で北海道教育大学旭川校の協力を得て立ち上げられた。

西尾勝、大森弥、神野直彦（以上東大）、山口二郎、神原勝、森啓（以上北大）、長洲二郎元神奈川県知事、日本女性の会樋口恵子会長等、地方分権推進委員会でご一緒した諸先生が、私の要請に応えて多忙の中、遠路お出いただいた。某誌の記者が「我が社の力をもってしてもこれだけの豪華メンバーを招くことは不可能だ」と言わせたほどだ。

旭川市内の居酒屋で樋口恵子先生と講座に参加した保健婦、看護士達が酒を酌み交わしながら現場の声と福祉について樋口先生と懇談した光景は今でも鮮明に想い出される。

「地方自治土曜講座」は、さまざまな形と自治体職員に多くの刺激を与え、役割を終えた。政権交代と地方主権の新しい展開を期待したが、現状は期待に反している。

「補完性の原理」を掲げて地域主権への戦いが進められているが、「地方分権―財源・権限」は、与えられるものではなく戦い取るものだということを「土曜講座」は私達に教えてくれた

職員研修の自主的な形での展開を待望するとともに「土曜講座」の基本理念をさまざまな形でご教示いただいた松下圭一先生に深く感謝申し上げ、稿を終える。

（元鷹栖町長、北海道町村会会長、地方分権推進委員会専門委員）

土曜講座を顧みて

白老町のまちづくりと自治体学会・土曜講座

見野　全

失われた一〇年、否二〇年をも経過した今日、国民の期待を一身に受けて誕生した新政権も実現不可能なマニフェストとリーダー不在で自ら真綿で首を絞めて立ち往生しているのが現状である。政権の危機より政治の危機であり、まさに日本（我々）の危機でもある。今こそ覚悟と胆識をもった真のリーダーが求められている。

私が町長に就任した一九八七年頃はバブル景気で積極的なまちづくりができた時であった。しかしその反面、戦後の肥大化した行政組織の機能不全と住民主体のまちづくりの実現とが大きな課題であった。その実現のためには人材の育成であり、まずは職員の意識革命が必須の条件であった。一九八八年三月にこれら実現のため、白老町総合開発計画（まちのイメージアップ、行政の文化化）作成にその手法としてC・I（コミュニティ・アイデンティティ）の推進を提案した。C・I運動は白老町の未来ビジョンをつくり、それを町民みんなで共有していく運動である。スローガンは「北海道にある元気まち」である。当時を思い起こすとバブル景気は長く続くものではなく、いずれは陰りが見え徐々に厳しい環境になるだろうと予測していた。私はどのような環境に置かれていても枝葉は風雪に揺れ動いていても根っ子は微動だにしない町民風土を築きたいと考えていた。C・I運動がその根っ子の部分である。町民・議会・職員との対話を深め、有識者の助言、先進地視察を精力的に進め順調に目的に向かっていった。

私が町長に就任して間もなく、若手職員の間で北海道自治体学会のことが話題になり、何人かは参加していると耳にした。また、一九九五年から札幌で開催されている北海道地方自治土曜講座にもたくさんの職員が参加していた。元気まち運動は白老改革であり、北海道自治体学会や土曜講座の求めるものと共通している。共に研鑽を積み重ねており、その貴重な発表の場を白老町で実現することができた。一九九六年六月二九・三〇日の両日に開催された第一〇回自治体学会フォーラムである。メインテーマは「市民と行政のパートナーシップ―手を取りあって、もっと故郷―」。分権の時代に地方自治体と住民の関係がどうあるべきかが熱心に議論された。参加者五百人。基調講演は、田村明氏の「元気のあるまち」と題してまちづくりの方法論などを説いた。続いて「暮らしの中から」、「議会よ」、「美しいまち」、「地産地消を」、「身近な国際化は」、「自主防災体制を」の六分科会、いずれも白老町にとっては時機を得たテーマであり、熱心に討論された。その夜、「ウエルカムパーティー」、「夜なべ談義」と続き、三〇日は分科会報告、パネルディスカッションなどが行われ、大成功のうちに終了した。上坊寺実行委員長は「町職員と町民の実行委員会はテーマ選定などの論議に時間を要したが、お互いの壁を取り除くことができた。フォーラムでは地方自治のあり方について広く情報交換し、人的ネットワークづくりを進めるきっかけになれば」と締めくくった。このフォーラムの成果が元気まち運動導入に改めて町民一人一人が評価を与え、これからの運動、まちづくりに大きな自信と示唆を与えてくれたことに深く感謝している。

その後、土曜講座では、職員に白老町の取り組みを報告する機会を与えてもらったり、二〇〇七年八月には、白老町でサマーセミナーが開催されたりと、自治体学会と土曜講座は白老町のまちづくりに大きな影響を与えてくれた。

一四年前に携わった若手職員も今では幹部職員。その尊い経験を生かし、勇気と使命感をもって後輩を導いて欲しいものである。このようなインパクトを与えてくれた土曜講座がこの度その輝かしい歴史に幕を下ろすことになり、誠に残念である。しかしこの間の活動成果は全道津々浦々に浸透し、新しいまちづくりに陰に陽に貢献するものと確信している。これまで関係された皆さまに心からの敬意と感謝を申し上げます。願わくば近い将来、笑顔で杯の上げられるその日を心待ちにしております。

（元白老町長）

土曜講座を顧みて

確かなる地方主権国家を目指して

山田　孝夫

私が町長に当選した一九九一年頃は、第三次行革審の第一次答申「国・地方の役割分担と地方分権」が報告されるなど、戦後マグマのように留まっていた地方分権の運動が燃え上がっているときでした。九三年には衆参両院での「地方分権の推進」の決議、そして非自民の細川連立内閣では、細川護煕、武村正義、五十嵐広三の首長経験者が入閣して、その方向性が明確になり、それを引き継いだ村山内閣によって九五年の地方分権法の成立と推進委員会の発足と、順調な滑りだしだったように思います。

北海道でも軌を一にして、北海道町村会の川村喜芳常務理事、北海道大学の森啓教授、神原勝教授等が中心となって、九五年に地方自治土曜講座が開かれました。これは分権時代に対応できる自治体職員の質の向上を目指したものです。最初は北大法学部の大講堂で開催されたものと記憶していますが、すごい熱気を感じました。私も参加させていただきましたが、特別職の参加は私一人だったと思います。

翌九六年には、上川支庁管内でも地域版土曜講座が開かれ、多くの職員や議員の皆様も受講され、国と地方の役割について真剣に勉強されました。幸いにも上川には地方分権推進委員会専門委員の小林勝彦元道町村会会長がいらっしゃり、その伝手で同推進委員会の六人の委員の先生を招聘できたのが大きかったと思います。小林先生がわざわざ時間を割いて私に面談の時間を与えてくださったことには、今も感謝の気持ちで一杯です。

さて単純な私は、これですべてうまくいくと考えたものですが、現実は困難の連続でした。一次から四次報告までは比較的順調に出せたのですが、五次報告をめぐっては激しい対立がありました。報告を翌日に控えた九八年一一月、講師の西尾勝先生に面談しました。第五次報告、すなわち河川と道路の権限委譲が官僚だけでなく族議員の抵抗を受け、報告が非常に困難な状況であること、その場合は部会長を辞任する考えであると大いに怒っておられたことは今でも鮮明に憶えています。実際に第五次報告書の「おわりに」に西尾先生が自ら筆を執って、その無念さを綴られ、部会長を辞任されたことを見て、権限委譲、財源委譲という中央の利権を侵す事項の委譲は困難であることを実感しました。

九九年七月に地方分権一括法が成立し、二〇〇〇年に同法の施行と機関委任事務制度の全廃が行われました。これが中央集権政治の大きな転換点であることは間違いありません。特に地方自治法第一条の二が追加され、「地方公共団体の役割・国と地方公共団体の役割分担の原則等」が明記され、国が行う役割と地方公共団体が行う役割が示されたのは、大きな前進でした。

しかし実務面においては、地方六団体の意見も本音では異なり、職員の意識改革もまだ十分ではなく、日暮れて途遠しでした。

私が町長になってから、まちづくり百人委員会を作り、従来のやり方を変えた計画を行ったり、情報公開条例・個人情報保護条例を町村では全道一早く議会に提案・実施し、老人福祉施設の民営化の実施、最後は町内に六カ所あった幼保施設の一元化を考え、計画を進めました。先進地の幼保一元化は、幼稚園と保育所を別棟に建て、それを廊下でつなぐ方式で、玄関も二つ、職員室も二つで、非常に無駄の多いもので不条理な建て方ですが、中央の文科省、厚労省の縦割り行政では仕方がない実情でした。私はこれを、玄関は一つ、職員室も一つ、しかも混合保育を〇二年に実施しました。このときは両省と闘う決意で実施しましたが、補助金返還など後任者に迷惑をかけることになりはしないかと心配でした。

〇三年六月に小泉内閣になり、地方を縛る多くの規制について、地方自治体や民間の提案を受けて、規制緩和の方針が閣議決定されました。また、地域を限定して規制緩和し、問題がない場合は全国展開するという特区法が国会を通り、一〇名による委員と約二〇名の専門委員で委員会が構成されました。

私も特区委員の一員として、文科省と厚労省の役人と幾度も幼保一元化について議論し、その結果いわゆる、認定子ども園法が成立し、地元の問題を間接的に解決できたと自負しています。しかし改革は不十分でした。法律では委員は従前の予算に手をつけられないことになっており、どの改革も中途半端になってしまったと思います。官僚が政治家より役者が一枚上だったと実感しました。

紙面の関係で詳しくは書けませんが、四年近くの在任期間の提案件数は約二千件で、道州制など検討できたのは約九百件でした。特に指摘しておきたいのは、地方からの規制緩和の提案には、既に規制が廃止されたものが非常に多かったことです。また新法を設定すると、政府の責任は法令の制定までですが、自治体側から従前通り準則の指導要請が多いことにも驚かされました。こんなことで本当の地方分権、主権は大丈夫なのか、心配です。更なる一層の自治体職員の努力が必要だと痛感します。

（元東川町長）

土曜講座を顧みて

「北海道地方自治土曜講座」が自治を変えた！

片山　健也

土曜講座が終了すると聞き、時代の流れを感じています。寂しくもありますが、次の時代に向かうステップの期間と捉えたいと思っています。参加した方々が、学び・議論したことを飛躍の土台として、今、強力に「市民自治・自治体学理論」を実践する時が到来したのだと考えています。顧みますと、森啓さん、川村喜芳さん、嶋田浩彦さんをはじめとし、これまでの代表、事務を担っていただいていた実行委員のみなさま方の献身的なご努力があったればこそと、土曜講座の運営に汗を流された皆様に心から感謝を申し上げたいと思います。

土曜講座の講堂に溢れた当初の身震いするほどの熱気は、自治基本条例、議会基本条例など、多くの先駆的自治立法を北海道から生み、全国に向かって自治の息吹を発信してきました。

この北海道地方自治土曜講座のエネルギーが、「地方分権」の推進に、そして現在の「地域主権改革」を動かし、その果たした役割は極めて大きかったものと思います。また、同時に北海道の自治体改革は、飛躍的に進んできたと思います。いま、自治の現場で、日々私はそのことを実感しながら職務にあたっています。

今後、土曜講座に参加された皆さんが、勇気を持って真摯に自治と向き合い、具体的に住民自治の制度設計を実践するための行動に大胆に着手されますことを切に願っています。

そして、数年後、想いがある仲間が集まって、土曜講座を検証するシンポジウムを開催しようではありませんか。皆様と再会できる日を心から楽しみにしています。ありがとうございました。

（ニセコ町長）

土曜講座を顧みて

「地方自治土曜講座」からのステップ・アップ

松山　哲男

議員活動を八年近くやる中で、行政と議会のあり方や議員活動がこれで良いのだろうか、学生時代にもっと勉強をしておくべきだったなどと悶々としていた時に、土曜講座開講の記事を読みこれだと直感的に判断し参加しましたが、目からウロコが落ちる場に出会ったと言えるのが、本年度で閉講となる地方自治土曜講座でした。

私にとって、土曜講座は議員活動の栄養補給的かつ精神的支え存在だったと思っています。様々な分野に渡る理論と斬り口、先進的取り組みなどのテーマでの受講によって、先頭に立って議会改革や議会主体の政務調査費条例策定などと言った議会・議員活動の展開や交流を得た方々からの多くのご指導、毎年開催の議員研修会講師の積極的な受託などと、多くの恩恵を受けました。

そのような事で、二〇〇〇年八月に開催された「サマーセミナーINひがしかわ」では、今でも大役をよく受けたなと思うのですが、テーマ「市民・行政・議会のパートナーシップを目指して」の報告は、忘れる事ができませんし色々な勉強となりました。その時の講師でした今は亡き田村明先生の「自治体学のすすめ」の講義と人柄も忘れる事ができませんし、他の講師からも良質の栄養を頂いた思いです。

地方自治体の改革にも、同じ志を共有し相互理解が出来る仲間を如何に多くするかが課題と思いますが、それは土曜講座のような共有できる学習の場があればこそと思います。松下圭一先生が最終講義で触れられたように、土曜講座が閉講しても私たちは、新たな場を創出し新しい時代への対応方を模索していく取り組みを土曜講座から提起されたのですから、実践で応えていかねばならないと考えます。

テンポは遅くとも少しずつステップ・アップし、新たな視点で積極的に活動してこれたのも、土曜講座とそれを支えてきた多くの方々のお陰と思っています。感謝で一杯の地方自治土曜講座でした。

（登別市議会議員、元議長）

土曜講座を顧みて

土曜講座から受け取り、受け継ぐ

宮下　裕美子

私が土曜講座に初めて参加したのは二〇〇四年（平成十六年）六月二十六日のこと。霧多布湿原トラストの取り組み事例や、昼休みを利用した若手スタッフの報告が強く印象に残っています。敷居が高そうだった「地方自治」が身近に感じられたからでしょう。

その半年前、月形町は合併問題を抱え、町を二分するような激しい対立が起きていました。「行政＋議会VS町民」あるいは「町民VS町民」という構図です。解決の糸口を探して意見チラシが舞い、町財政や行政の仕組みを学ぶ勉強会、専門家を招いての講演会も短期間に数多く開催されました。森先生や川村先生など土曜講座に関わりの深い先生方にお会いしたのもこの時が初めてでした。

当時の私は「小さな子を持つ農家の母さん」で、子育て環境の改善を行政や議会に「お願いに行く」のが当たり前で精一杯でした。自身の農家経営には積極的に関わっているものの、農政や町全体のことは夫を通した組織が運営することと思っていたのです。しかし合併問題の本質に触れるうちに「自分の〟まち〟は自分で作っていくもの」「行政に参加することで〟まち〟が変わる」ことに気付き、地方自治とは何なのか、どうすれば変わることができるのか、知りたい学びたい想いが日々強くなっていきました。

そんな時、ある役場職員から土曜講座の存在を知らされ、初めて参加したのが二〇〇四年六月のあの日だったのです。彼も以前土曜講座で刺激を受け、自治体改革に精力的に取り組んだ一人でした。

それ以来、二〇一〇年の最終講義まで何回通ったことでしょう。活動のよりどころとなる理論や情報を求めて次の講義が待ち遠しかったこともあれば、語られる理想と現実のギャップに虚しさを覚え足が遠のいた時期もありました。それでも土曜講座を意識し続け、不意に足が向いたのは、土曜講座が「考える場」であり「身近な存在」だったからかもしれません。

講座前段の講義は知識を増やすのに最適でした。分からない用語や仕組みは、容易く調べられる情報環境の現在、帰宅後の復習で何倍もの成果に繋がりました。また後段の討論は素人の私であっても議論の展開が見えました。壇上と会場とのやりとりによって難解な理論が実体験を伴う実践での活用に転化されたり、課題や矛盾点を明解にしたからです。加えて、会場で顔を合わせる人々とはいつしか挨拶を交わし、休憩時間にはお互いの課題を相談するまでになりました。様々な視点で課題を見つめ直すことが可能になったのです。

土曜講座の学びの中で私の心に強く残ったのは「自分が当事者だ」ということ。自分の町を良くするのも悪くするのも「私（住民自身）」であり、「私」が行動することで変わっていくということです。理想や理論を語るだけ、誰かを頼るだけではなく、自ら実践していこうと背中を押されました。

そして私は町議会議員になりました。決定権のある場に立ち、まちづくりにおける住民意識や住民行動の重要性をひしひしと感じています。その中で当事者としての私の役割は、町民が正当に判断するための情報提供と目標の具体化、ヒトやモノを有機的に繋げることと考え活動しています。

土曜講座の閉講により集う場がなくなったのは残念ですが、一つの時代を築き役目を果たしたとも感じます。これからは、土曜講座に集った人々が受け取ったモノを、それぞれが当事者となって実践する番ではないでしょうか。私は私自身が体現者となって実践することを中心に、私のフィールドで「考える場」を提供し繋いでいきたいです。

（月形町議会議員）

土曜講座を顧みて

土曜講座の残したものとマスコミの役割

石川　徹

地方自治土曜講座との出会いは一九九六年春である。講座が始まって二年目。東京政経部から札幌の政治部に転勤してきた年である。九三年の八党会派が結集した細川護熙政権の発足を永田町の片隅でみて、「日本の政治は変わる」と思ったのもつかの間、自社さ政権で自民党が政権に復帰し、転勤直前の九六年一月には自民党の橋本龍太郎政権が誕生。「日本の政治は変わらない」と、少し暗たんたる気持ちになっていた時だった。

土曜講座で生き生きと勉強する自治体職員たち。道町村会の川村喜芳常務（当時）の紹介で参加者を取材してみると、彼らは各自治体でも輝いていた。「地方から日本が変えられる」と本気で思った。

それから一五年、永田町では「地域主権」を掲げた民主党政権が誕生したが、思ったように分権は進まない。自治体の職員にも、土曜講座当初の元気さを感じない。

民主党政権になってＮＰＯなどと連携した「新しい公共」などの言葉がもてはやされる。今、取材している根室市ではＮＰＯ法人はゼロだが、老人クラブ連合会が市の老人福祉施設の指定管理者になったり、町（内）会が地域の会館などの管理をしたりと、「新しい公共」などと上から言われなくても、自らの使命感から、やれることはやっている。

菅直人首相は「熟議」などともいう。十五年前には聞かなかった言葉だが、当時盛んに言われた住民参加を言い換えたものだろう、と思う。住民参加で議論するよりも開明的な首長の強いリーダーシップで行政を進めた方がまちは良くなる、との議論は当時からあった。だが、長い目で見れば、やはり住民参加の行政の方が、時間がかかっても正しい方向に進む。そんな楽観的で前向きな思想が、分権派がいう住民参加という言葉には含まれていたと思う。党利党略を内に秘めたいまの熟議という言葉には違和感がある。

いずれにしろ、行政の望ましい姿は、地方がすでに先取りして進めている。

では、今、何で地方に元気がないのだろうか。一言で言えば、政策を立案して実行しようにも、先立つもの、お金がない、という考えが蔓延しているからだろう。だから、「新しい公共」も「熟議」も、一応やることはやっても、最後の最後で、首長は、上目遣いに永田町、霞が関詣でをしてしまう。北方領土関連予算の獲得に血眼になる根室市は典型だ。

そんな状況の今、マスコミの片隅にいる人間として何をすべきか。自問して一つ思いついた。予算獲得や節約のノウハウなどを紹介するのではなく、「新しい公共」や「熟議」の主体である住民や団体のネットワーク化の触媒機能を果たすことだ、と。

土曜講座という一堂に会する場はなくなった。だが、人と人とのつながりは消えない。情報を触媒に、もういちど深く、人を結合させる。そうすれば、一五年前のような熱気が戻り、「地域主権」などという、上から目線の心に響かない造語を振り回す永田町、霞が関に対抗して、本気で分権を求める力が生まれるのではないか、と思っている。

（北海道新聞根室支局長）

土曜講座を顧みて

仕事はこれから

久田　徳二

数々の新鮮な言葉があった。「統治から自治へ」「集権から分権へ」「官庁理論から自治体理論へ」「自覚的市民」「地方公務員から自治体職員へ」「情報公開と住民参加」…。

そんな言葉を熱く口にする研究者や自治体職員のみなさんと接し、この国の新しいうねりを感じ、目を輝かせたものだった。一九九六年のことだ。

当時は、札幌本社の政治部に所属していた。追っていた「道庁不正経理事件」が一段落し、新たな地方自治のあり方を、私自身も模索していた時期に、みなさんに出会った。北大中央道路を埋めるほどの数の全道各地からのバス。軍艦講堂にこもる熱気。北海道町村会館や法学部教室に何度も集まり議論した。「分権自治を考える北海道ジャーナリストの会」を結成し、仲間とともに学んだ。

道内市町村には、新しいうねりが確かに起きていた。言葉を実践に変える具体的取り組みがあった。紙面では「自治のかたち」という特集を連載し、そんな動きを追った。

私自身はその後、東京政経部に転勤し、地方の実情から遠く離れた感覚の、霞ヶ関や永田町を彷徨った。「自治」や「分権」の言葉を聞く日はほぼ皆無だった。

東京から北海道に戻って一〇年ほど経った。地方にはその言葉はある。しかし言葉が生きていない気がする。あるいは、言葉自体がすでに古いのかもしれない。であれば、新しい時代の言葉が必要だが…。もともと「自治」や「分権」はそれ自身が目的ではない。安心して豊かに楽しく暮らすための制度なのだろう。条例もマニフェストも、目の前の問題を解決し、豊かさや楽しさを追求する取り組みを伴わなければ、単なる文字に過ぎない。

今日の道内に、一〇年前ほどのうねりが感じられない。ひょっとすると、地方のあまりの経済的疲弊の前に、理想への思いもそがれているのかもしれない。

しかし現実は、一〇年前より深刻になっている。過疎化と少子高齢化。一次産業をはじめ地域産業の低迷。環境の悪化…。どの面でも、変革が迫られる現実は、地方に厚く積まれている。

私自身は初心に帰りたいと思う。土曜講座の始まりのころによく聞いた「言葉」をもう一度、かみしめてみたい。

「現実の中に問題を感じる問題意識を」

「問題を解決し実現するのがまちづくり」

「地方に、住民の中に、真実がある」

「不可能を可能にする仕事にこそロマンがある」

豊かで楽しい地域に変革する仕事は、これからが正念場だと思う。

（北海道新聞木古内支局長）

土曜講座を顧みて

間に合った「受講生」？

大峰　伸之

北の大地で自治体職員が地方自治をテーマに熱心な学習活動を重ねている。何年か前、人づてにそんな話を聞いた。しかし、私が関西に住んでいることもあり、実際に講座を聞く機会はなかった。

二〇一〇年に入り、開講十六年目に入ったその「地方自治土曜講座」がいよいよ幕を閉じると知った。そこで八月末、思い切って札幌に出張し、最後の土曜講座を取材させてもらった。最終講座の前日は北海道庁わきのホテルで、当初からかかわってきた森啓・元北海学園大教授からもお話を聞かせていただいた。

当日は午前中、政治学者の松下圭一先生が「市民自治の時代—国家統治理論から市民自治理論へ」、森先生が「自治体学の理論と実践」という題でそれぞれ講演された。午後はお二人に神原勝・北海学園大教授、川村喜芳・元北海道町村会常務、山内亮史・旭川大学長を交え、二部にわたる討論が展開された。全道から集まった自治体の職員、議員、市民ら約二〇〇人がじっと耳を傾け、質疑応答も活発だった。

八十歳を超えた松下先生が壇上を右へ左へと歩きつつ、ときに大きく手を振りかざしながら熱く語る姿には、圧倒された。朝から夕方まで緊張感のある議論が途切れることなく、私は取材を忘れ、まるで受講生になった気分でノートにメモを走らせていた。「ぎりぎり間に合った」という思いを抱きながら。道内の遠隔地から泊まりがけで来る職員、東北地方から自費で駆けつける職員。そんな人たちがいたというのも、実際に教室に身を置くとわかる気がした。

そんな風にして取材した様子を短い記事に書き、それは朝日新聞夕刊のコラム欄「窓―論説委員室から」に「最後の土曜講座」という題で掲載された。

自治体職員の学習の場といえば、私も地方財政や自治体法務をテーマにした勉強会に参加している。それらと比べると、土曜講座の特徴は何といっても取り上げるテーマの幅広さにある。合計で九〇回を超える講座の内容の大半は、公人の友社から「地方自治土曜講座」ブックレットとして発行されている。一一五冊に達したというから驚く。

タイトルを眺めているだけで、そのときどきに何が地方自治をめぐる課題だったかがよくわかる。北海道町村会と北海道大学の研究者が中心になり、一九九五年に講座が始まった。ちょうど地方分権推進法が制定され、分権が本格的に動き出したころだ。その九五年度に発行されたブックレットは計八冊で、タイトルは現代自治の条件と課題、自治体の政策研究、現代政治と地方分権、行政手続きと市民参加……と続く。

その後を見ていても、市民自治、地方分権推進委員会勧告、議会改革、政策法務、金融改革、自治基本条例、政策評価、市町村合併、協働、道州制、三位一体改革、議会基本条例といった言葉が次々に登場する。地方自治や地方分権をめぐって、その時代の中心課題と正面から向き合っていたことがわかる。それだけでなく、行政の文化化、北海道農業、環境自治体、建設帰農など見逃せないテーマも含まれている。

旬のテーマを取り上げ、講師と受講生が議論を展開する。ほかの人は背筋を立て、じっと耳を傾ける。終了後、どの人も充実感に包まれたことだろう。受講生同士の仲間意識も生まれたに違いない。それぞれが働く市役所や役場に戻り、仕事に取り組むモチベーションを生む。たとえ職場で孤立するような場面に出くわしても、ここで学習したことが支えになったのでないだろうか。

地方分権を推進するには、政府から自治体へと権限、財源を移していく取り組みが欠かせない。しかし、自治体の首長の権限が強まるだけで、地方分権が実現していくわけではない。市民自治を徹底させるためにも、自治体の職員や議員、さらには市民の意識と力量の高まりといったものが大切になってくる。森先生は「時代の転換期には学習熱が高まる」と話しておられた。分権改革という時代の流れにもうまく合ったという見立てだが、それには森先生たちの創意工夫やそのお人柄も大きかったようにお見受けする。これだけの質と量を維持してきた地方自治講座が、十六年も続いたことに、改めて驚く。

昨夏でその歴史にピリオドを打たざるを得なかったのは、参加者の減少や事務局スタッフの不足という理由からと聞いた。残念なことだ。ここまでの蓄積を、これからの若い世代に何らかの形でぜひとも引き継いでいただきたい。

（朝日新聞論説委員）

Ⅱ 「北海道地方自治土曜講座」とわたし

地方自治土曜講座の事務局を担当して

亀谷　敏則

私は地方自治土曜講座がスタートして三年目の一九九七年六月から二〇〇〇年三月まで約三年間北海道町村会企画調査部に勤務し、事務局を担当させていただいた。

当時の受講者は、町村職員が半分強で、あとは市・道の職員や市町村の議会議員、市民などで、必ずしも町村職員ばかりではなかったため、町村会が土曜講座の事務局を担うことが果たして適当なのかという意見が町村会事務局内にもあったと記憶している。しかし、それを乗り越えた北海道町村会の英断と、北大法学部の先生らを中心に多くの方々の理解と協力をいただいたおかげで、全国に先駆けて最先端の自治理論を学ぶ講座が北海道から始まっていったものであり、極めて大きな意義があったと考えている。

この地方自治土曜講座が全国的にも大きな反響を呼んだのは、受講者の熱意が共感の輪を広げていったということもあるが、何といっても、毎回、極めて多忙なスケジュールの中をまったくのボランティアで全国から駆けつけていただいた講師の方々の熱心なご支援によるところが大きく、事務局としては、ただただ感謝するばかりであった。

私にとっては、お堅いイメージの強かった大学の先生から、講座終了後の懇談で、様々な人間味あふれるお話しをお伺いできたことも貴重な財産であり、忘れがたい思い出になっている。

そうした中で、福島県ご出身のある先生が、たまたまお国訛りの話題になったとき、明治維新の戦争で会津藩が勝っていれば今頃は私の話している言葉が標準語になっていたかもしれない、とぽつりと漏らした一言が昨日のことのように思い出される。

各講義の内容は毎回ブックレットに取りまとめ

ているが、その先生には、ブックレットの原稿を取りまとめる際にも、不勉強な私に対して、先生が日ごろからこだわりを持ってつかっている言葉の意味をかみ砕いて説明していただき、大変恐縮したのを覚えている。

また、ブックレットには、多くの先生が、時間の関係でお話しできなかった内容や研究成果などを加筆してくださっており、講座の熱気や感動がそのまま伝わってくるとともに、テキストとしても極めて充実した内容になっている。出版と同時に売り切れになったものも多いが、機会があればぜひ一読されることをお勧めしたい。

（元北海道町村会企画調査部長）

私の中の土曜講座

平野　佳弓（旧姓：木下）

「継続は力なり」。先日、地方自治土曜講座が十五年を節目に終了したとの新聞記事を目にした時、最初にこの言葉が頭に浮かんだ。

平成七年、土曜講座が開講されることとなり、当時北海道町村会総務部に所属し、町村職員研修の担当であった私は、その事務を命ぜられた。当時はごく普通の研修の一つとしか認識していなかったのだが、開講を告知するやいなや受講申込みが次々と寄せられてきたことに、だんだん「これは何か違うな」という思いが広がってきたことをよく覚えている。

そして六月三日の開講初日、北大法学部の大講堂に東西南北、北海道中の町から自治体職員や議会議員等が、それぞれ大きな期待に胸ふくらませた顔をして集まってきた。会場は、これから地方自治の理念を、我が町の未来のありようを学んでいくのだという思いで目をキラキラさせている人々の熱気であふれており、私達もその大きな波に飲み込まれてしまいそうな雰囲気であった。

開講にあたって当時の北海道町村会川村常務理

事の「地方分権が進められようとしている今、学ぶ場がここにある。天の時と地の利が合わさって土曜講座が始まった」という挨拶がとても印象に残っている。

受講者の名簿作り、出席の確認、会場準備、そしてブックレット刊行のための講義のテープおこし等々、次々と追い立てられる思いで仕事をしていたが、毎回熱心に遠くの町から通ってくる人々の思いや、アンケートに「目からウロコが落ちた」と書いてくれた言葉に随分背中を押されたような気がする。

ある時、「この土曜講座はずっと後にも名前の残るものだよ。その立ち上げに関わったということは自慢に思ってもいい仕事だよ」と言葉をかけてくれた上司がいた。その当時はこの仕事の重さに少しつぶされそうになっていたのだが、十五年経た今、私の胸の中に、ここで学び続けた多くの人々に「力」が蓄えられたのだろうというられしい思いと、小さな誇りが残っているのを感じている。

（元北海道町村会企画調査部職員）

意欲に火をつけた地方自治土曜講座

小山　裕

地方自治土曜講座は、年度カリキュラムの検討、企画の難しさ、講演録をリライトしてブックレットにする難しさなど事務局を担ったことのある私とって、貴重な経験と学ぶことの大切さを教えていただいた場となりました。

その土曜講座が今年度限りで一つの区切りをつけました。

全道各地から自治体職員等が参加、北海道大学法学部講堂（通称「軍艦棟」）では入りきらない八百人以上の申込み、学ぶ意欲のすごさ、札幌を離れて開催した合宿形式のサマーセミナー、中でも時間を忘れて行った夜なべ談義、北大学生食堂で交流会、森啓先生ご推奨の一分間スピーチ、自主的に全道各地で始まった地域版土曜講座などなど、当時の土曜講座の熱気を今も思い起こすことができます。

この学ぶ意欲や熱気は、地方分権が声高らかに言われたから？それとも、潜在意識としてもともとあったものが土曜講座開講に伴い火がついたから？

今、私は研修講師として全道各地を歩いていますが、必ずといって良いほど、研修内容に疑問があれば質問がありますし、通常業務での疑問や問題点などについても休憩時間や終了後に質問があります。また、自治体の枠を超えた部門別のネットワークが必要という話も聞きます。町村職員の方々は一生懸命で、これは、今も昔も変わらず根底に潜在的にある学ぶ意欲です。

だから、土曜講座は、この学ぶ意欲に火をつけた、まして、各方面のエキスパートから理論と実践の話をライブで聴講できるのですから。自治体職員にとって土曜講座という場は、非常に大きな役割を果たしてきたものと思っています。

今後にこの土曜講座で学んだ経験をどのようにつなげていくか、自己研鑽のほかに何か良い知恵ありますか？と自分に問いつつ、実行委員会の先生、事務局の皆様、大変お疲れさまでした。

（北海道町村会法務支援室長）

「道北地域地方自治土曜講座」を振り返る

川村　康弘

私は、平成六年四月から平成八年三月までの二年間、上川町村会から北海道町村会へ派遣されていたため、平成七年から北海道大学で始まった「土曜講座」には、事務方として参加していましたが、全道各地から多くの自治体職員が受講されたことに大変驚くとともに、とても感動したことを今でも忘れられません。

平成八年三月に上川町村会に帰る際に、川村前常務理事に「札幌での二年間のお土産に、上川でも土曜講座を開催したい。」とお願いをして、平成八年から上川管内でも「道北地域地方自治土曜講座」を開催することになりました。

まず、札幌の土曜講座に参加されていた方を中心に声をかけ、市町村職員及び道職員約十名が集まり実行委員会を発足いたしました。ちなみに、委員長に鈴木彰氏（現愛別町副町長）を互選いたしました。私は、無役で参加する予定でしたが、事務局長に就任された方が入院したため、急遽、私が事務局長として、経理、会場の手配、講師依頼、実行委員との連絡調整などの事務全般を担当することになりました。

地方開催の「土曜講座」第一号として、「道北地域地方自治土曜講座」を開催することが出来た第一の理由としては、実行委員会の会長に小林勝彦元鷹栖町長に就任いただいたことでした。

講座を開催するにあたり、道北地域の市町村長に後援依頼や助成金の負担をお願いしても、全て快く御協力をいただけましたし、開催初年度にあたる平成八年の受講申込者が、受講料が五千円にもかかわらず、予定の二百名を大幅に上回る約三百名にもなったのは、小林氏が会長をしていることで、講座に対する信頼と期待があったからだと思います。

また、小林氏には、多くの著名な講師の招聘に御尽力をいただくなど、大変大きな役割を担っていただいたことに、改めて心から感謝する次第です。

さて、平成八年から平成一一年までの五年間、「道北地域地方自治土曜講座」の事務局長として努めてまいりましたが、この上川で開催した「土曜講座」が成功したか失敗したかは、受講された方などに評価をお願いいたしたいと思います。

ただ一言申し上げたいのは、自らが何も行動を起さないで、他人が行ったことを批判ばかりしたり、失敗を笑ってばかりいるよりは、たとえ失敗をしたとしても、自らが何らかの行動を起すことが大事だと思います。その様な意味から、多くの皆様の御協力をいただいて、「道北地域地方自治土曜講座」を開催できたことは、私の人生にとって大きな財産だと思っています。
最後に、若い自治体職員から、「職員の勉強会を開催したいので協力して欲しい。」という相談を首を長くして待っております。

（北海道上川町村会事務局長）

檜山で開催された土曜講座を振り返って

橋口　国代士

檜山管内においては、平成八年度及び平成九年度の両年度、地方自治体職員の意識改革を図るため、檜山地域プロジェクト推進協議会の主催により、町職員をはじめとして町議会議員や地域住民も対象とした〝道南版地方自治土曜講座〟が開催されました。両年度で一一五〇名近くの多数の参加があり、また渡島管内からも四四名の受講者がありました。

当時、檜山管内は人口が毎年約八〇〇人ずつ減少し、また、高齢化率が二五％近くになるなど道内の他の地域と比較すると過疎化や高齢化が急速に進行していました。このため基幹産業である農業や漁業の後継者問題や介護施設の不足、救急医療体制の整備などの問題が緊急の課題となっていました。

一方、国や道では地方分権の大きな流れがありました。国においては国、道、市町村の関係を「上下・主従関係」から「対等・協働関係」へと変え、地方自治体に対して「自己決定」と「自己責任」を求める動きがあり、また、道においても「市町村重視の道政の推進」を掲げ、市町村の自主性、自立性を高めるという動きがありました。

このような状況の中で、自治体の職員は意識改革、政策能力の向上が求められていましたが、檜山地域全体としては歴史的、風土的に国や道への依存意識が比較的強い傾向にあり、仕事や社会との交わりの中では自己啓発をする機会に乏しい状況にありました。

このようなことから、平成七年から札幌で行われていた「北海道自治土曜講座」の檜山版の開催を検討し、講師はじめ関係者のご協力をいただき実施することとなりました。

檜山で土曜講座が開催されてから十五年目になり、現在では、檜山の過疎化、高齢化は一層深刻度を増していることと思います。この土曜講座に参加された方々がこれらの課題に果敢に挑戦されんことを祈念しております。


（元檜山支庁地域政策課長）

地方自治土曜講座は道民自治の財産
～これからが道民主権の自治のスタート～

嶋田　浩彦

自治体職員の意識が、自律的に政策形成する動きに変わったのだろうか。これまで務めた現場を顧みながら、今あらためて一六年間で終止符を打つ北海道地方自治土曜講座の存在に感謝しています。

一九八六年五月自治体学会が設立され、自治体の自律的政策形成の創造や住民の協働によるまちづくりの推進を目指して始動しました。一九九二年一一月に西尾勝氏（当時：東京大学法学部部長・教授）のまちづくりセミナーが恵庭市で開催されるなど自治体職員の政策形成能力が問われてきました。そこで、町村職員レベルで継続的に政策形成研究会が出来ないか考えていたところ、日頃から町村職員の政策研修に深い理解と支援を考えている方がいる、と北海道町村会川村喜芳常務理事のお話を伺い、早々ご相談申し上げたところ、全面的に応援していただけることとなり、一九九三年四月道央圏町村職員政策研究会を発足しました。その二年後、研究会では、全道町村職員との政策研究の機会を広げようと検討していたところ、川村常務理事（当時）から「地方自治土曜講座」のお話をいただき、全道自治体職員の政策研究の機会が広がると大いに喜んだことを覚えています。

一九九五年六月待望の地方自治土曜講座がスタートし、多くの先生や現場で活躍する自治体職員・市民等から政策実践を学び、自らの地域での活動に一層のエネルギーをつぎ込んできました。道内では神原勝教授や森啓教授、山口二郎教授など多くの方々に支えられてきましたし、特に松下圭一教授との出会いは、「シビルミニマム理論」を知ることで自治体政策・制度の理論を学びました。その実践を通して、役所・行政による公共サービス提供や政策形成の限界も見えてきたように思います。今後は市民・企業からの公共サービスの提供が、地域づくりに不可欠であることが見えてきました。地方自治土曜講座の終了年と同じく、私自身の自治体職員としての政策形成・公共サービス提供を終え、道民・民間人として公共サービス提供に身を置くことを決意し、道民主体の自治のスタートを自ら実践していきたいと思っています。そうした人生の変革に、地方自治土曜講座の存在を自覚し、川村喜芳氏との出会いに心から感謝申し上げます。

（元南幌町職員、土曜講座実行委員会元事務局長）

多くの人と出会った土曜講座

佐藤　潤一郎

私にとって土曜講座は、地方自治の理論を学ぶ場であると同時に、多くの人と出会う場でもありました。

私が土曜講座に参加するきっかけとなったのは、当時ニセコ町長であった逢坂誠二さんでした。私は大学で地方自治を学んでいましたが、そのころ地方自治で注目されていたのがニセコ町であり、逢坂さんでした。そんなわけで、逢坂さん関連の本を多く読んでいたのですが、その中に『自治の課題とこれから』がありました。それは、逢坂さんの土曜講座での講演をまとめたものでした。「こういった講演が行われる土曜講座にぜひ参加してみたい」と思いました。ただ、学生だった私は、すぐには参加しませんでした。今思えばもったいないことですが、「土曜講座は自治体職員しか参加できない」と勘違いしていたためです。しかし、就職してすぐ参加申込をしました。

初めて参加した土曜講座は、二〇〇一年に北海道大学で開催されたものでした。東京都国立市長の上原公子氏や関西学院大学教授の小西砂千夫氏の講座が印象に残っています。また、講座が終わった後、受講者に対して懇親会の参加募集がありました。その懇親会の場で、森先生から研究会「Miracle21」のメンバーを紹介されました。それは、道内市町村から北海道に派遣されている職員が作った、市町村合併を研究するためのものでした。私も加わって一緒に研究する中で、札幌市以外の市町村のことについて視野が広がりました。今でも交流が続いている大切な仲間です。

その後、札幌市の長谷部さんを通じて、土曜講座のスタッフになり、事務局長を務めたり、運営する中で、多くの講師や各地の職員と知り合うことができました。

土曜講座は終わりましたが、土曜講座を通じて知り合った人々とのつながりは財産です。そのつながりを大切にしていきたいと思います。

（札幌市職員、土曜講座実行委員会元事務局長）

土曜講座が残したもの

今川　かおる

二〇一一年八月二八日、地方自治土曜講座が最終回を迎え、私は最後の事務局長になってしまいました。これまでご尽力された多くの方に申し訳ないという気持ち、こうなることが必然だったのだという思い、他に方法がなかったかという不安が、こもごも浮かんできています。

残念なことに、伝説のように語り継がれる開講当初の熱気ある土曜講座を私は知りません。松下圭一先生の著書がきっかけで北海道自治体学会に加入し、その後で土曜講座事務局として参加したからです。

ここ数年間の土曜講座は企画会議の前に、開催できるかどうかを議論するような状態でした。したがって、受講者ではなく、参加者が次第に減り始め講座の目的や方向性などに悩む運営側として、長く付き合うことになりました。それでも、土曜講座が果たしてきた役割の大きさは、様々な機会に肌で感じました。土曜講座閉校の危機に陥るその都度、土曜講座を残していきたいという、自分の中にある片思いのような愛着が生まれたのもそれ故だと思います。

私にとって土曜講座という学びの場はどのような意味があったのか―

講義に知識や刺激を得ることは多く、自分の思いや考えを表現する言葉を見つけ、理論として形を与えてもらったことは本当に大きな収穫でした。ともすれば挫けそうになる自分の背中を支えていただいた思いです。しかし、自治体職員としてそれを仕事で生かし、政策や事業へつなげることはあまりできなかったと思います。関わり始めた当初は、理論を知ることは気負いにもなり、自治体という職場で現実とのギャップに苛立ったり無力感を抱いたりすることにつながったことも否定できません。

やがて、土曜講座での講師や受講者のみなさんとの出会い、そのことそのものに励まされていることに気づきました。理論と実践との距離を受け止め、目標に向けて現実的な実践を積み上げようとする人たち、理想に向けての示唆や道具になる理論を描き出してくれる研究者の方々。そのような人たちと話し、時に議論することができる機会として貴重な存在になりました。数々の出会いへの感謝の気持ちは今もいっぱいです。

そして土曜講座は終わりました。私自身はそれを納得しています。いつの間にか私の中で、現実の土曜講座への愛着は、自治を志向する者たちが学び集う場が支持され、求められてきたという抽象的なものへの信頼へと変化していたからだと思います。私にとって土曜講座は、自治体職員としてそして市民として考え行動しようとする時に、自分が目指そうとしてきた地点から離れていないかを確認する座標であり、ぶつかった課題を考える時の補助線を得る場、自分の思考の位置を確認する調律の場のようなものになっていました。

やがてまた、土曜講座のような場が欲しくなるかも知れません。そしてそれは、私ではなく貴方かも知れません。そのときに、きっとまた土曜講座が始まることでしょう。そういう楽しみも土曜講座は残してくれました。

（札幌市職員、土曜講座実行委員会事務局長）

土曜講座と私の一六年

荒木　雅彦

地方自治土曜講座が始まった一九九五年は、私が大学一年生の年。土曜講座の十六年は、私が自治体理論に出会ってからの一六年でもありました。

一九九五年六月に第一回の講座が熱気に包まれスタートしたようですが、その頃の私は、新生活のペースをつかむのに精一杯で、自分がこれからどのような勉強や経験をして、どのような仕事に就くのか、いずれにせよ、地方自治には全く感心がないただの新入学生でした。また、この年の秋頃から、北海道庁の不正経理問題が報道され、公務員にはなりたくはない、まして道庁なんて…。そんな気持ちで学生生活を過ごしていました。

そうした中、たまたま選択した一コマが、森先生の講義。「興味がある人は次の土曜日に八番教室にいらっしゃい、受付で私の講義を取っている学生ですと伝えなさい」―その年の最終講座ということもあったのでしょうが、いつもの大学の講義の雰囲気とは全く違っていました。全ての座席が埋まっていて、立って受講している方やテープに録音しながら受講している方もいました。受講者は、ただ聞いているというよりも、講師陣の論点に必死に食らいついて、自分も一人のパネラーとしていつでも加わってやろう、チャンスがあったら問題提起してやろうという熱意があふれていた印象でした。それが最初の土曜講座との出会いでした。それから土曜講座において、研究者の先生方の講義はもちろん、先駆的な自治の取組みを進めている首長や自治体職員の迫力のある報告に触れるにつれ、徐々に自治体職員になろうという意志が固まってきて、新入学生の頃には就職したくなかったはずの北海道庁に採用されました。

　自治・分権の時代に自治体職員となり、以前の役所とは大きく変わった環境で仕事をさせていただいているものと思いますが、都道府県は、中央省庁の仕事や考え方を正確に市町村に伝え、国に対して市町村や北海道がうまくいくように情報を伝達することが大きな役割の一つであるという現実は、なかなかすぐには変わらないと実感しています。また、一見、自治的に改められたように見えて、実は関与や統制が強まっていたり、重要なことは何も変わっていないというようなことも少なくないのかもしれません。そういった国と自治体の関係性の問題点を認識しつつも、私自身、日々の仕事を淡々と進めているだけであって、土曜講座に参加していたって、国の政治・行政や役所文化のせいにして、自らは何も変わっていないのではないか、変えようとしていないのではないかと問われれば、確かに反省です。

　しかしながら、土曜講座は、さまざまな課題に対する直接的な答えを与えてくれるものではなく、政治・行政をはじめ、現代社会が抱える問題をいかに考え、どのように解決方策を導き出していくべきかを自分なりに考えていくためのヒントが得られるかもしれない、そんな機会であったと思います。また、私にとっては、日々の仕事で鈍った感覚を、自治体理論でリセットする場でもありました。

　自治・分権に関するシンポジウム、フォーラムが各地で開催されていますが、土曜講座は、本物の自治体理論に触れられる場であった、それが一六年も続いた理由だったのではないでしょうか。

私に自治体職員を志すきっかけを与えてくれた土曜講座ですが、これからも一人でも多くの人に本物の自治体理論を学ぶことができる機会が提供され、地域にとって役に立てる自治体職員になりたい、そんな人が一人でも多く出てくることを願っているとともに、まずは、自分が頑張っていかねばならないと思いを新たにしているところです。

（道職員、実行委員会事務局スタッフ）

自治体職員を自覚した土曜講座

大山　幸成

私にとって土曜講座の魅力は次の二点だった。

①自由な幅広い学習　②自主的な学習

初めての学習会

平成七年二月、大学四回生時に学内に「スポーツ学習会をはじめます」という張り紙に引かれてその場に向かった。阪神大震災直後の四回生時で学論提出を終えていた時期だったが、留年して体育学を学ぼうとしていたことから参加した。毎週火曜日の一八時三〇分から二〇時三〇分までの二時間であった。

　呼び掛け人はスポーツの人文系を専門としていた方で、学習会の内容は『スポーツ大辞典』を輪読しながら皆で議論しあうものだった。「社会の近代化」「工業の発展や工場生産」と近代スポーツの成立や、スポーツビジネス、日本的スポーツ事情など、侃侃諤諤ながら学習会は面白かった。知識の習得のみならず、物事を考える一つの方法として批判的思考法も少しは身についた。参加者は学生のみならず、学外の教諭や議員、少年院のケースワーカも参加した。五回生時には幹事として活動した。

　しかし、平成九年になると、ある教官から呼び出され「学習会は何になる」「やめろ」など圧力を加えられた。この前から学生の参加は減っていた。武道教授法を専門としていたこの教官は、スポーツを多方面からに見ることに抵抗を感じていたようだが、修士論文まで反対されたこともあり、未だにこの教官の行動が理解できない。学習会に一回も来なかった。

自治体職員を自覚した土曜講座

平成一〇年春に北海道新十津川町に来た。アルバイト生活後、平成一一年に職員として採用された。職場内の回覧で「一九九九土曜講座」があった。研修扱いで旅費、受講料を出していただきながらの学習をありがたく感じたのを覚えているし、会場内には熱気があった。講義内容の「機関委任事務」「法定受託事務」など全く分からなかったが、「耳学問でも」と思い、その後は自費で参加した。平成一二年の松下圭一先生の講義は、私の仕事上の問題点や疑問点に応えてくれたもので、土曜講座で学び続けようと思った。平成一四年の実行委員会での再スタートでは森先生の勘違いから招集を受けたのだが、スタッフにも熱気があった。

土曜講座が終了する（ことに賛同した）のは惜しいことだが、仕方がないことだと思う。今のままでは「多様な考えを聞き、それを受講生自らが取捨選択し、咀嚼し、そして自分の理論として構築する」ことができないようになっているように思う。

土曜講座は学習会的な要素が強かった。だれでもが発言でき、参加できた。学生時のスポーツ学習会と同じく「土曜講座に行ってなんになる」と、訳の分からない質問をしてくる職員もいたが、そんな職員がいる以上ますます学習する気になる。土曜講座が再開すればぜひ参加したい。

（新十津川町職員、実行委員会事務局スタッフ）

地方自治土曜講座に参加して

金子　慎二

地方自治土曜講座には、受講生として平成一〇（一九九八）年から参加し、スタッフとしては平成一五(二〇〇三)年から参加させていただきました。途中、受講しない年もあったため、計一一年間にわたって受講させていただきました。

　最も印象に残っていることは、上川町、新十津川町、白老町などで行われ、合わせて六回参加させていただいたサマーセミナーです。先進的な自治を行っている自治体に行くことで自治のあり様を肌で感じ、夜、酒を飲みながら開催地の方々や全道からの参加者の方々と語り合うことで、札幌ではわからない地元に対する熱い思いを感じることができたことを今でも忘れません。

　土曜講座が行われた平成七(一九九五)年から平成二二(二〇一〇)年までの十六年間は、それまでの安定した国からの交付金によって支えられてきた市町村が財政的に苦しくなり、合併をするしないを含めて、自分たちの町をこれからどうしていくべきなのかを真剣に考えた時期と合致します。

　北海道は全国的にみて市町村合併は進みませんでしたが、これは自分たちの町の将来について真剣に考え、悩んだ末の結果なのではないでしょうか。そして、そのことに土曜講座が大きな役割を果たしたものと私は考えます。春から秋にかけて月一回札幌に集まり先進的な自治の取り組みの話を聞き、サマーセミナーに参加して同じような悩みを抱える全道の仲間と語り合うことによって、まちの将来について考えるきっかけを参加者に与えました。その参加者が自分たちのまちに戻り、様々な取り組みを行うことによって全道の自治の力は確実に向上したものと思います。

　北海道は明治初めの本格的な開拓の始まり以来、水産物、木材、石炭などの天然資源を産出して道外に送り出すことによって発展してきました。しかし、炭鉱は一九八〇年代までにそのほとんどが閉山し、水産物や木材もかつてのような産出は期待できません。黙っていてもそこにあった天然資源を産出することによって発展した北海道の最初の百年は一九八〇年代までに終わりを告げました。これからの百年は、そこに住んでいる道民が自らの力で地域の将来を考え、つくり上げなければならない時代を迎えました。

地方自治土曜講座は本年度で一区切りをつけることになりますが、この一六年の間に全道にまかれた地域の未来を自分たちでつくり上げることの種はこれからもすくすくと育ち、一〇年後、二〇年後に大きな花を咲かせることになると確信してやみません。

（札幌市職員、実行委員会事務局スタッフ）

北海道地方自治土曜講座が終了して

上仙　純也

今年、一六年の歴史を数える北海道地方自治土曜講座が終了した。私と土曜講座の出会いはそれほど長くはなく、長年、土曜講座を支えた諸先輩方には到底及ばない。ただ運営に携わった五年間は、講師の皆様方、実行委員、スタッフ、また土曜講座に参加された皆さんとのお付き合いが続いており、私にとって、一つの大切な財産となっている。

地元、岩見沢から総務省の外郭団体に派遣のため3年間離れ、帰任した二〇〇五年、ふと道新の記事を目にし、その時初めて土曜講座の存在を知った。この年の第二講座（三位一体改革と自治体財政）に関する紹介記事で、総務省の課長、逢坂ニセコ町長（当時）をはじめ首長等の講演や討論が行われるという内容であった。派遣中、仕事上でニセコ町と関係があった、逢坂町長の話を聞きたいというのと、本省の課長が講演に来る、この講座は一体どのようなものなのかと受講したのが土曜講座との出会いであり、その後、ある運営スタッフと知り合うこととなり、翌年から運営に参加させて頂いた。

運営に携わった中で、一番印象に残っているのが、二〇〇七年の第二講座で、自治体の福祉政策に関する企画を他のスタッフと共に担当した際、アドバイス等をお願いしていた、倉田聡北海道大学教授（当時）の急逝である。倉田先生は社会保障法の若手実力研究者の一人であり、基調講演の他、パネル討論の企画や人選にも助言を頂く予定で大変頼りにしていたところ、倉田先生が急逝され、当時、大変ショックであったことを今でも思い出すことがある。しかし、頓挫しかけたこの企画も、多くの方々の温かいご支援を頂き、無事、乗り切ることができた。

土曜講座は、数多くの方々に支えられたからこそ、十六年間、続けることが出来たのだと改めて思う。残念ながら、二〇一〇年で終止符を打つこととなったが、土曜講座に携わった皆様に深く記憶に残るであろう。

（岩見沢市職員、実行委員会事務局スタッフ）

いつの日か土曜講座をリニューアルして

藤本　浩樹

どこで読んだのかは忘れてしまったが、武田鉄矢が教師役を演じる「三年B組金八先生」というテレビドラマに関する批評を読んだことがある。受験戦争、校内暴力、いじめ問題など、放送開始当時は、中学校の教育現場でまさに発生していた問題とその解決策を描き、時代の最先端を走り、一種の社会現象となっていた。ところが、シリーズ化され回を重ねるにつれ、むしろ時代に先行していた内容が、いつしか追いつかれ、次第に教育現場が抱える課題を後追いするようになったという記事だったと記憶している。

地方自治土曜講座も同様の状況にあったのではないか。開講当初は、最先端の自治体理論を学ぶ場として多くの受講生を集め、北海道から全国に誇れるような多くの政策や取り組みを生み出す役割を担ったと自負している。しかし、長引く不況の中、財政難に悩む自治体現場は、余裕を失い、日々の業務に追われ、最先端の自治体理論を学ぶだけでは解決できない状況に陥った。こうした状況が進行するにつれ、受講生の土曜講座へのニーズにも変化が現れたのではないかと推測している。

多様化する市民ニーズへ対応するためには、テレビからインターネットへと時代が変化したように、これまでのように教室で著名人の講義を聞く「講座方式」ではなく、「ゼミ方式」が適しているのではないかと思う。つまり、一つのテーマに対して、双方向で深く議論していく方式が望まれているように感じる（議論するという意味で、分科会とも違うと感じている）。また、サマーセミナーのような合宿も重要であり、来道予定のある講師を上手にネットワーク化し、定例のゼミ方式と組み合わせた形態こそが新たな土曜講座の目指すべき姿ではないか。

土曜講座は、一旦、区切りをつけることとなったが、自治体現場における学習意欲の高まりとその必要性は変わらない。いつの日か土曜講座をリニューアルし、受講生の皆様と一緒に活動できることを願っている。

（小樽市職員、実行委員会事務局スタッフ）

土曜講座を振り返ってみて

渡辺　三省

土曜講座については、受講生としては、初参加の一九九七年（第三回目）が、実行委員会メンバーとしては北海道町村会からバトンタッチされた二〇〇二年（第八回目）が、私にとって非常に思い出深い年である。一九九七年の講座では、森先生や神原先生ほか講師の先生方の講座において、「自治」、「自治体」という言葉の持つ意味を改めて確認して以来講座の魅力に引き込まれた。加えて、私自身の中で、自立した自治体、自治体職員としての誇りをもって仕事に臨んでいくことができた。

また、講座の特徴として、講師の先生方の実践を踏まえた理論、さらには自治体首長や職員、NPO関係者等現場で汗を流している方々の貴重な体験とそれに裏打ちされた理論を聴けたことも大きな意味があったと思う。

その後、土曜講座や北海道自治体学会をとおして、道内自治体職員の皆さんなどとのネットワークが、仕事や研究においても大いに活かされることになった。

実行委員会では、普段別々の自治体で仕事をしている方々と一緒に汗を流せたことや、講座の準備段階での、篠原一先生や松下圭一先生等とのやり取りを今でも鮮明に思い出す（篠原先生については、上京の際自宅まで挨拶にお伺いしたが、不在のため奥様に応対していただいた。）。また、講座終了後の懇親会では、講師の先生方から貴重なお話を伺うことができ、私にとっては大きな財産となった。

二〇〇四年の講座では、スタッフ報告として「議会基本条例要綱試案」を発表させていただく機会を得、二〇〇六年の栗山町のサマーセミナーでは、議会基本条例が縁で、その後も懇意にしていただいている橋場議長や神原先生達とのパネルディスカッションで司会を担うなど、私にとっての土曜講座は、ただ学ぶだけでなく、人と人とのネットワークを作り、学んだことを現実の仕事や新たな制度の構築に活かすことができたと考えている。

北海道の自治体改革において土曜講座というのは、まさしく「一大事件」と位置付けてよい取組みだったと思う。森先生、川村先生、神原先生をはじめとする先生方、自治体職員等の皆さんに、心から感謝を申し上げたい。

（札幌市職員、実行委員会事務局スタッフ）

地方自治土曜講座との出会い

大坂　敏文

一九九五年六月、江差を朝四時に出発し五時間かけ北大へと向かった。開講前にもかかわらず、多くの受講者で、会場は熱気に包まれていた。時代は、地方分権の波、自治体職員の意識改革、理論と実践の構築など、自治体職員を取り巻く状況がこれまでと違い大きく様変わりしていった時でもあった。

私と土曜講座の出会いは、当時、北大教授であった森先生との出会いである。森先生の自治体学理論にカルチャーショックを受け、自身の学習熱が呼び起こされたのであった。自身が変わることにより自治体が変わる、そのためには理論を学び実践を行い、出会いの場を大事にするという北海道自治体学会との出会いでもあったのだ。

当時私は、社教主事の仕事をしており生涯学習社会の実現を目指して仲間とともに燃えていた若い時期でもあった。そのような時に社教主事研修の講演に森先生をお願いしたのである。舞台は南西沖地震復興後の奥尻町。

あれから一六年、多くの研究者や職員から地方自治に対する考え方や実践を学び、自身の市民活動への原動力となった「地方自治土曜講座」との出会い。これまでの講師の先生方や支えてくれた皆さんに感謝をしつつも、若い世代へと引き継がれて行くことへ大いに期待をしたいのは私だけだろうか。

地方自治体は真にこれからが正念場の時代でもあるからだ。

（江差町職員）

最後の土曜講座に寄せて

小林　生吉

北海道は広く、札幌までの移動に半日以上要する地域がほとんどだ。離島なら一日かかる。しかし、九五年に始まった土曜講座は三年目に参加者のピークを迎えるが、そこには全道各地から自治体職員を中心に多くの市民が集まっていた。講座の教室には熱気があり、一流の講師陣の言葉は受講者を奮い立たせた。地域がかわる大きな期待があったし、たくさんの仲間が集まることで高揚感が生まれた。地域版土曜講座がいくつも立ち上がり、北海道における分権改革への機運を大きく盛り上げた。

だがそれは今、懐かしく遠ざかった記憶でもある。自治の現場は、その時に期待したように大きく動いたのだろうか。地域は、市民の暮らしは豊かになったか。

分権型社会の入口は、厳しい経済・財政状況の入口と重なった。むしろ、そうした状況を乗り越えていくために分権型社会への改革が必要だったのだが、当時の土曜講座のブームはどこか浮ついた変化への期待（バブル）のようなところがあったのかもしれない。

二〇〇〇年分権改革の意義は確かにあるが、少なくとも農山村の小さな自治体の現場に見える変化は少ない。その後、自治体財政を巡る急激な変化と平成の大合併が自治の現場を吹き荒れた。かって見たバブルのような期待は吹き飛んでしまったし、この間に地域の疲弊はさらに加速した。失った時間は大きく、厳しさはこれからも続いていく。

それでもここに、結果はなかなか出せないながら、何とか現場で踏ん張ってこられた自分がいる。これも、土曜講座で出会った仲間たちがそれぞれの現場で頑張っていることを励みにできたからだ。多くは講座から足が遠のいているが、最前線から後衛まで、キラリと光る現場の多くを、かって土曜講座に集まった仲間たちが支えていることは間違いない。

最後の土曜講座を受講させて頂いた。その時に集まった方々の顔を見ながら、とてもここでは語りきれないほどさまざまな思いが去来した。まだまだ地方自治の未来には霞がかかったような不明さはあるが、明るい時代を拓くための礎として、これからも土曜講座が多くの人の心に残り続けることを信じたい。

最後に、ここまで土曜講座を支えて下さった実行委員会の皆さんに、心から敬意と感謝の気持ちを贈ります。心から、心から。本当にありがとうございました。

（中頓別町職員）

地方自治土曜講座に寄せて

高橋　裕明

十六年前、国内で地方分権に向けた動きが高まっていく中、北海道では地方自治を考え実践する活動が広がりを見せた。それまでも各自治体において自治研やまちづくり研究会などが点在し、道央圏では有志の職員による広域研究会を組織し学習活動を続けていた。それらが起爆剤となり南幌町の嶋田氏と北海道町村会の川村氏が中心となって、地方自治土曜講座が発足に至ったと記憶している。

地方自治土曜講座が始まると毎年、全道各地から職員、市民、議員や研究者などが熱い意思をもって参加したように思う。初年度は三百名程度だったと思うが、次年度は八百名位まで増加し、森代表のあいさつにおける「これは事件です。」という言葉が印象深い。

私は、平成一〇～一一年度の二年間、北海道町村会に派遣となり、講座の事務局としても携わらせていただいた。事務局として、講師や関係者、多くの自治体職員の皆さんと交流させていただき大変貴重な経験をさせていただいた。事務局として講座の準備や講師のお世話、そしてブックレットの作成まで行うことで、より深く学び、ノウハウを習得させていただけた。その後、講座は各地の実行委員会組織で地方版土曜講座にまで広がっていった。我が町でもサマーセミナーを開催することができ、より多くの皆様の学習・交流の機会を広げることができた。

地方自治土曜講座とは、多くの講師陣のご協力をいただき、全道の学習と交流の場となり、そこでの学びから理論を基盤とする具体的な地域事情に合わせた実践活動に発展をみせたと思う。それまで共通の地方自治法に基づいて行われていたまちづくりではあったが、ほとんどの自治体でそれぞれ独自で取組が行われていた。しかし、情報や知識に不足があったり交流の機会が少ないという現状があった。そこで講座に参加することで先進事例を知り、全国的に比較することや地元の事情をさらに把握することなどで新たな改革や取り組みが誕生するなどの大きな役割を果したと思う。

今後は地方自治土曜講座が休止したとしても、その果たした役割は参加した皆様の経験や実践により成果は続くと確信している。これまで参加した皆様や運営に携わった皆様の意思や努力に敬意を表し、将来永遠につづく自治の現場に期待したい。合わせて、事務局として関わることができたことにお礼を申し上げます。一六年という永い間本当にお疲れさまでした。ありがとうございました。

（白老町職員）

土曜講座の思い出

古川　照和

私が土曜講座に通ったのは、一九九六年（二年目）から三年間でした。

当時を思い起こすと、開講時の森先生のエネルギーに圧倒され、午前午後と進められる講義に聞き入り、高揚する気持ちは二泊車中泊で札幌と往復するハードなスケジュールの疲れも吹き飛んでいました。

受講を重ねるほどに、国や道内外でのいろいろな考え方や事例を知り、自分はこれでいいのか？と言う思いがありました。

帰りの六時間半のバスと一時間五五分の連絡船の中は、心地よい疲れのように感じていました。

一人でも多くの周りの人に、自治に関する問題意識の共有が図れればと思った折、縁あって土曜講座宗谷版が礼文町でも開催することが出来ました。

忙しいスケジュールの中、森先生、伏島先生には連絡船の欠航も想定しながら日程調整をお願いし、礼文島まで足を運んでいただいたのも思い出としてよみがえります。

あれから十五年の歳月が過ぎ、来春で自分は定年退職を迎えます。

私たち地方で暮らす者にとっては大変貴重な機会であり、このような学習の場を作ってくださった森先生はじめ川村元常務さんや神原先生など関係された方々に感謝し四月からは、一市民として自治に参加していきます。

（礼文町職員）

日本の自治を動かした　地方自治土曜講座

福村　一広

土曜講座が始まった一九九四年頃は、地方自治体にとって大きな動きへと繋がる時期だったと思います。翌年には、ニセコ町で北海道自治体学会の設立総会が開かれ、翌年には自治体学会が設立されました。土曜講座はその流れを作る旗手の役割を果たしたものと思っています。

私も、土曜講座が始まるということで、職員研修として参加したことを思い出します。翌年からは自主参加となりましたが、一九九九年四月から北海道町村会企画調査部に席をおくこととなったため、二〇〇一年三月まで約二年間、事務局を担当させていただきながら、多くの「自治体理論」を勉強させていただきました。

土曜講座といえば、私にとっては「自治体理論」を学ぶ場であったと思っています。当時は、行政の仕事は自治体の中で動くものという意識が少し強く、理論ではなく感覚や慣習、条例で仕事するものと感じておりました。しかし、土曜講座で自治体理論を聞いたとき、初めて行政の仕事について「しっくりきた」という感じを受けたことを思い出します。すべての自治体の仕事には理由があり、理論で構成されていると感じました。

当時は、道内に自治を語る先生が北海道大学をはじめとして多くいらっしゃって、毎回新しい「自治体理論」を教示していただけことはとても恵まれた環境であったと思っています。今でこそ、当たり前になった「勉強会」も、北海道の土曜講座がはじまりといっても過言ではないくらい、北海道は「熱かった」と思います。それも回を重ねるごとに「熱気」が漂い、会場に入りきれなくなったこともありました。これは、一つの文化でもあり、社会現象でもあったといえるものだったと思います。

現に、土曜講座が始まってから、自治体学会が全国で設立され、地方分権がスタートして、自治体の運営が大きく変わっていったのは紛れもない事実であり、今日の地域主権にまで通じるものがあります。

その意味で土曜講座がもたらしたものは、自治体職員に「学ぶ」重要性について身をもって知らしめたということに尽きると私は考えています。「学ぶ」ことで、地域が大きく変えられるということを教えたくれた講座だと思っています。そして、「学ぶ」ということが、そんなに敷居が高いものではないということも改めて教えてくれたと思います。

残念ながら、土曜講座は終了してしまいましたが、決して「学ぶ」機会が失われたということではないと思います。土曜講座は既に「学ぶ」機会やその重要性をきちんと受講生のみなさんに伝授されていると思います。現に今も各地で勉強会が開かれ続いております。そういう意味でも役割を終えたものの、土曜講座で培われた精神は、自治体職員の中に生き続けていくと確信しております。長い間ありがとうございました。

（ニセコ町職員）

土曜講座で得たことの実現を

星　貢

森先生が開講挨拶で、三百数十名の参加者の前で「これは、事件ではないか、時代の大きな改革の兆しが現実となりはじめた象徴的な出来事ではないかと思われます」とお話されました。職員二五名が参加した白老町においても「これは事件」でした。

土曜講座に触発され職員・町民によるいくつかの勉強会が常設化され、参加メンバーを中心に町民・職員の合同研修会など住民参加の仕組みや情報共有制度の提案がなされ、制度化され、かつて先進的と言われた時代が白老町にありました。

しかし、様々な制度はできても運用する人の理解度によっては全く別の結果になると実感しています。民主的な制度を維持していくためには、住民、議会、行政の不断の努力が必要です。一町民になった今、土曜講座で得たことの実現のために自分にできることを考え、一歩一歩努力していきたいと思います。講座の運営に関わった全ての方、ありがとうございました。

（元白老町職員）

北海道「地方自治土曜講座」に参加して

清水　英弥

これまで埼玉県入間市在住の私は「地方自治土曜講座」のために、遠路札幌へ出向くことはありませんでした。しかしながら、自治体学会のメーリングリストに投稿された森啓さんからのメールによって、土曜講座が最終回を向えることを知りました。何としてもこの土曜講座に参加したいと思い、自治体学会佐賀武雄大会の翌週にもかかわらず、家族の了解を取り付けて、最初で最後の土曜講座へ参加しました。土曜講座では、予想通りの充実した内容と実行委員会方式での運営、そしてスタッフの皆さんの頑張りに圧倒されました。八七〇人もの参加者があったときの話、北海道の最北端に浮かぶ離島の礼文町から定期船と深夜バスを乗り継いで一二時間以上かけて参加するという話を聴き、本当に驚きでした。飛行機を利用すれば、入間から六時間程度で札幌まで行くことができることを考えると、もっと早く参加していれば良かったと、後悔するばかりでした。

最終講座における松下圭一先生の第一声は、「まずもって、おめでとうと申し上げたい」でした。この土曜講座を十六年間継続してきたことへの敬意と第一段階（小・中・高・大学の一六年間）を無事卒業するという意味です。自主研究グループの先駆けである多摩の研究会（東京の多摩地域と埼玉の南西部地域の自治体職員と研究者による研究会）においても、三〇年以上継続する間には紆余曲折があり、自主研究グループは細胞分裂を繰り返し、現在に至っているとのことです。したがって、この土曜講座も次のステップへ新たな出発となると説明されました。また、北海道は面積が広大なので、各地域単位で研究会を重ね、五年に一度くらいの割合で札幌に集合して、全体会を開催するといったやり方もあるのではないかとの提案もありました。いずれにしても、終わりではなく、新たな出発を意味するというものでした。

私と土曜講座との出会いは、地方自治土曜講座ブックレットを通じてのこととなります。東大法学部の行政学ゼミでもテキストとして採用されているこのブックレットは、土曜講座に出向くことができなかった私たちにも「思考の座標軸」を与えてくれました。入間市で初めて雑木林づくりのワークショップを開催したときには、『協働』の思想と体制」「協働のまちづくり～三鷹市の様々な取組みから〜」が参考書となりました。また、仕事の上で「かべ」に突き当たった時には、「自治体学のすすめ」「自治体再構築の市民戦略」を繰り返し読みました。こうした話を職員課研修担当の職員にしたところ、その翌日には、私のところに「自治体理論とは何か」を含む一〇冊のブックレットを持参してきました。研修担当の職員は二〇〇〇年の分権改革の頃に、これらのブックレットを自主研修グループの研修テキストとして利用したとのことでした。当時、とても合点のいく内容であって、あらためて読み直したところ、とてもわかりやすく今後の若手職員の研修資料に利用したいとのことでした。いろいろな場所で、このブックレットが活躍しています。

多摩の研究会を手本にして、一九九八年から所沢で研究会を始めました。所沢市、入間市、鶴ヶ島市、富士見市など埼玉県南西部地域と小金井市、西東京市などの自治体職員と研究者による研究会です。市町村の職員が中心でしたが、最近は埼玉県庁や人事院の職員も参加するようになっています。分権改革が進み政権交代も行なわれたものの「市民の生活は何も変わっていない」という指摘や機関委任事務が廃止され通達が失効すると、自治体は「国からの通知がないと事務ができない」という情けない状況であるとの指摘もあります。こうした状況に対し、市民自治を基本として実効性、未来予測性のある政策について研究し、実践していきたいと考えています。このたび、ブックレットの在庫に関する相談をしたことが縁となって、森啓さんに所沢の研究会に起こしいただき、「自治体理論とは何か」をテーマに、話をしていただくこととなりました。本当にありがたいことと思います。一四年目を向えた所沢の研究会も、もう一段ステップアップの時期を向えています。

終わりに、土曜講座の閉講にあたり、新聞に掲載された「最後の土曜講座」に記された、「土曜講座は自治体職員の心の奥深く響いたのだろう」とのくだりを読んで、自分へのメッセージと感じた人は、私だけではないでしょう。そして、「若い世代に引き継がれる」ことと確信しています。実行委員会スタッフと関係者の皆様、本当に長い間お疲れ様でした。そして、最初で最後の土曜講座への参加でしたが、本当にありがとうございました。また、いつの日か新たな形で進化した土曜講座に参加できる日を楽しみにしています。

（入間市職員）

北海道土曜講座に感謝する

田中　富雄

私は、二〇〇八年度・第四回講座「自治の過去・現在・未来」にパネリストとして参加させていただきました。土曜講座への感謝の思いは数多くあります。

松下圭一先生の理論に接するのは、三郷市職員となる前に読んだ「市民自治の憲法理論」（岩波書店、一九七五年）が始まりでした。鮮烈な理論により、それまで頭の中で混沌としていたものが氷解したことを覚えています。政治主体と制度主体を分けて論理構成することを学びました。先日は「政策型思考と政治」（東京大学出版会、一九九一年）を読み直す機会があり、新しい気づきを得ることができました。再度しっかりと拝読したいと思います。

北海道土曜講座は全国に多大な影響を与えたと思います。土曜講座で取り上げられたテーマは、的確に自治体課題の時代変遷を物語っています。普段は会場に参加できなかった私たちも、ブックレットによって土曜講座の会場の熱気と毎回の内容を知ることができました。刊行して下さった㈱公人の友社に感謝したいと思います。

土曜講座の関係者の皆様の一六年間のご努力に心よりお礼を申し上げたいと思います。

（三郷市職員）

土曜講座の思い出

矢野　由美子

書斎に積み上げた資料の束から、土曜講座に通っていた当時のノートを見つけました。交通手段や宿泊施設、懇親会に参加した際の支出まで記録してあります。一九九八年五月二〇日（土）夜行列車で朝の札幌駅に降り立ち、北大法学部八番教室へ歩いた道が鮮やかによみがえってきました。

宮城県町村会職員の私が北海道地方自治土曜講座に通うきっかけは、全国町村会研修で川村喜芳北海道町村会常務理事（当時）の話を聴いたことでした。北海道町村会に問い合わせると、担当者は私と同期同年齢の職員とのこと。若い人にこのような仕事を担当させている北海道町村会にも興味が広がり「行ってみよう」と決断しました。

初めて参加した土曜講座の講師は森啓教授と逢坂誠二ニセコ町長（当時）でした。目の覚めるような論旨、休日返上で自己研鑽しようと集った人々、満席の会場に渦巻く熱気・・・。このときの感動が原動力となって、私はその年、皆勤賞（?）をいただきました。

土曜日の朝、札幌駅から北大法学部へ歩く暮らしは、その後三年続きました。この間、土曜講座に関わる大勢の方々にお世話になりました。中でも、北海道町村会の職員や町から派遣されて大学院へ通っていた各氏のおかげで、講師の先生方と言葉を交わす機会や自治の現場で頑張っている職員とのネットワークを得たことは大きな財産となりました。

あれから一〇年。市民自治という価値観から思考をスタートさせる明快さが、今では私の中の揺るぎない軸となっています。

久しぶりに出席した土曜講座（最終講座）は、当時の「同志」が今も変わりなく奮闘し続けていることに、とても勇気づけられました。と同時に、一〇年前に一割もいなかった女性の受講者が、会場の半数を占めるほどになったことに目を見張り、この中から壇上で講師を務めるような人が増えるかどうかは受講者席に座る私たち自身の課題でもあるのだと身の引き締まる思いでした。

土曜講座からの「卒業」と市民自治への新たな「スタート」を祝う最終講座に立ち会えたことは、とても意義深いことでした。

土曜講座とそれを支えた皆様、席を並べた同志に感謝いたします。

どうもありがとうございました。

（宮城県町村会職員）

北海道地方自治土曜講座と私

武内　英晴

分権改革、自治体改革のおかげなのでしょうか、今では余り耳にすることが無くなりましたが、かつて、国・自治体の行政分野を専門に扱う出版社を「官庁出版」と呼んでいた時代がありました。

「官庁」とは国の省庁及びその出先機関の意味ですが、自治体もその出先機関の一つと認識され、一括りでそう呼ばれていたのです。

そして、その「官庁出版」の中の有力出版社は、例外なく、霞ヶ関各省庁の若手官僚を書き手とする、法令・行政実例の加除出版をおこなっていました。

ご存知の通り、加除出版とは、全国の自治体に備え付けてある自社が売り込んだ法令・法規集に、新規及び改正法令・法規の追録を綴じ込み、廃止法令の削除を、継続的に行うことをサービス内容とする出版のことです。

この出版サービスによって、新しい法令とその各省庁解釈が、満遍なく全国自治体に伝達されていたわけです。

「官庁出版」はまさに、国・省庁の画一行政の一翼を担っていたのです。

一九七五年頃、そんな「官庁出版」の中のある小さな出版社の編集部員だった私の毎月の仕事は、月刊誌の「各省庁・行政実例」の頁を、自治省、厚生省など旧内務省系の省庁の各課からもらう「行政実例」と称する原稿で埋めることでした。

原稿と言っても、大半は「行政実例集」のコピーの切り張り、書き写しで、大体が、都道府県・市町村からの問い合わせに対する回答で、

「○○○について、□□□のように解釈すべきと考えるがいかがなものか」（△△市▲▲課）

「お見込の通り」あるいは「○○○法○○条は○○と解するを相当とする」（○○○省○○○課）

といったやり取りの記録でした。

読者である自治体職員も、霞ヶ関発の「御墨付き情報」は無条件に信頼していて、人気頁だったのです。

その当時は、自治体事務のほとんどが「機関委任事務」とされ、全国画一基準に従うこととされていたわけですから、各省庁の法令・解釈の解説書が重宝がられるのはごく当然のことで、そのような出版物に目を通して、そこに書かれた通りに仕事をしていれば万事間違いないとされていましたし、自治体の仕事は「法律の執行」だと考えられていて、自分で考え、解釈をすることが許されなかったのです。

当然に、自分たちで判断し、工夫し、決断して仕事をするという職場カルチャーが育つはずもなく、失敗はしないが自信も持てない、主体性の曖昧な人間の集まりだったのです、そのため市民、マスコミや国の官僚は、自治体職員を何も出来ない下働きの下級役人とみなし、バカにする雰囲気がありました。

景気が悪くなると、「仕事もろくにしないで高給とってる」と決まってマスコミ・世間からバッシングされ、それに異議をとなえることもせず、ただ、黙々と仕事を続ける自治体職員。そのように私には思えたし、見えてもいました。

そんな彼らの姿に、毎月霞ヶ関に「行政実例」の切り張り原稿をもらいに行きながら編集者としてのアイディンティティを持てないでいる自分の惨

じめさを重ね合わせていたのかもしれません。自治体職員にはもっと自信とプライドを持ってもらいたいと思っていました。

それから何年か経て、自分の月刊誌を出すことになるのですが、霞ヶ関の省庁に依存しない、自治体職員と一緒に作る雑誌にしょうと決意して創刊したのが「地方自治ジャーナル」です。

その当時、雑誌名を採用はしませんでしたが「地方公務員自身」にしようと真剣に考えていたほどでした。

編集・販売を「官庁」に依存しないで自分達で開発しなければならないのですから、経営的には大変で、一九九六年頃は、「もう止めよう」と考え始めたていました。ちょうど地方分権推進委員会の「最終答申」が出たのを期に、最終答申全文を掲載した電話帳のような特集号を最後に「自爆」休刊することになったのですが、その頃から、創刊の思いの「容れ物」として残したいと思い「地方自治ジャーナルブックレット」のシリーズを始めました。編集方針はいたってシンプルで「自治体職員の書いたものを最優先する」。この一点でした。

そんな折り、一九九九年二月頃、北海道地方自治土曜講座ブックレットの編集・刊行のお話をいただいたわけです。そのお話に乗らないはずがありません。自治体職員の自主的勉強講座の成果を刊行することは、かつての「地方自治ジャーナル」創刊の思いを実現することに等しいからです。

「自治体職員の、そして私自身の編集者としてのアイディンティティの確立を」と闇雲に突き進んできて、疲れ果てて、はたと気がつけば、自分を取り巻く時代状況も同じ方角に進みつつあった。土曜講座という自治体職員を主体とする学習会が熱烈な活動を続けていたのです。以来、皆さんのおかげで、一一五号を数えるまでお手伝いを続けることが出来ました。

「北海道地方自治土曜講座」が切り開いた状況はまさに「自治体職員のアイディンティティの確立」だったと私は強く確信しております。

（公人の友社）

資料１　新聞社説、コラム／雑誌寄稿文より

新聞社説、コラムより

一九九五年十一月七日
北海道新聞「卓上四季」

北大法学部八番教室は三百人収容で学部一大きい。「学生で満員になるのは学年初めだけ」と教授たちは苦笑する。だが、月一回の土曜講座だけは立ち見も出る

▼「いま、地方分権の時代―明日の地方自治を学ぼう」と題する公開講座。地域への貢献を目指した大学が、社会人を対象に専門的、体系的な講義をと六月から始めた。受講者が集まるか、の心配をよそに応募者が殺到、三百五十人で締め切った。回を重ねても、欠席者は増えない

▼責任者になった森啓教授によると、受講者の七割近くは町村の若手職員。札幌には遠い町村から金曜の夜、車で駆けつけ一泊、翌朝十時から午後四時半まで熱心に講義を聴いて帰る職員も多い。市町村議員、道職員や一般市民もいる

▼講師は法学部の第一線で活躍中の教授陣が中心。「行政とは法の執行ではなく地域から政策をつくること」といった話の内容はかなり専門的だ。講義後に受講者から地元で開く勉強会の指導を依頼されて出掛けることもあるという

▼地域の課題が、都市基盤整備といった量的なものから、暮らしやすさなど質の問題に変わってきた。しかし、量に重きをおく行政は切り替わっていない。その矛盾に行政最先端の町村職員は悩み抜いている―「だから熱心なのだ」と森教授は解説してくれた

▼事務局の道町村会は要望にこたえ、講義ごとに小冊子を発売している。今年の講座は月末で締めくくるが、来年の準備も進んでいる。世の中、官官接待やカラ出張に明け暮れるお役人ばかりではない。

一九九五年十一月十二日
朝日新聞「列島細見」

【分権の担い手】

市民も聴講

「市民にとって、こんな勉強会は初めて。立ち見席ができるほど熱気がこもっている」。札幌市の主婦、武田佳世子さんは、北海道町村会が六月から開いている地方自治土曜講座に欠かさず出席している。

地方分権推進法ができて、市民も何かかかわりをもたなければならないと思っていた。「これまでの住民参加は、町内会役員や民生委員に依存しがちだった。行政が分かりやすい情報を出せば、住民もごみのリサイクルなどから参加するようになるのでは」と語る。

北大を会場に月一回の土曜講座はワインの町の大石和也池田町長や大学研究者らを講師に、自治体職員の政策立案能力を高めようと始まった。受講生の大半が公務員だが、市民の申し込みもあって、目標の二倍三百四十人になった。

分権時代の地域福祉やまちづくり、市民参加、情報公開などをテーマに、午前十時から夕方四時すぎまで講義がある。列車を乗り継いで六時間かけて駆けつける人もいる。

受講生たちは、ここで学んだことを実践しようと張り切っている。

時代の転換期

「市の総合計画に市民参加のシステムづくりを生かせないか」と名寄市企画調整課の松尾薫さん。「役場からの受講生七人を中心に政策研究の集いを開いている。地域の生活環境を指標で示す地図をつくりたい」と月形町社会教育課の五十嵐克成さん。阿寒町議の吉田守人さんは「講座で仕込んだ質問の仕方が役に立つ」と打ち明ける。

今年の講座は、七回目の今月二十五日が最終日。

講師が受講生からの質問に答えながら討論する。来年の再開までの間、自主的な活動を行う動きもある。釧路地方の九自治体の職員らは、来月にもネットワーク組織を旗揚げする。過疎化に負けずに、地域の展望を開こうと必死だ。

こうした活動の成果は、町村会の政策情報誌「フロンティア一八〇」（季刊）で紹介されている。講座の記録は、初版千五百部で刊行され、近く増刷される。川村喜芳・同会常務理事は「北大の大学院社会人コースに町村職員二人を派遣しているが、講座内容も同じレベルだ。自治にかかわる人にはぜひ読んでもらいたい」という。

講座の実行委員長、森啓北大教授は「時代の転換期だ。明治の自由民権運動で各地に学習結社がつくられた状況に似ている」と話している。

（大和田建太郎）

一九九五年十二月十四日
北海タイムス社説

【リカレントに期待する】

北大や道町村会が春以来開催してきた地方自治土曜講座が、予想以上の手ごたえを残して日程を終えた。社会人のために生涯学習の機会をつくろうという『生涯学習振興法』に基づいてスタートしたシステムで、放送大学もその一つだ。

リカレント教育は、その名が示す通り、社会に出て活動している人たちが大学などで再度学習したり、青少年の校外活動の充実を図るのが本来の目的で、間口は広い。

その意味では全受講者七四％強が町村職員、残る二五％の中に道職員も含まれているという北海道の例は、いささか変則的だが、自治体職員の長期的、継続的な研修の道を探っていた道町村会が受け皿になって実施したのだから、当然の結果といえよう。

リカレント教育のこれまでを追跡してみると、国民の八〇％近くが意欲を持っているにもかかわらず、実行、もしくはこうした企画に参加しているのは、そのうちの四〇％弱という実態がある。特に勤労者はそのための時間がとれないとの悩みを挙げている人が多い。

この面から言っても補助金制度を設けて、地域振興の中心になっている町村公務員に参加のチャンスをつくった町村会の試みは評価される。

北海道にとって、もう一つの期待は、この講座によって行政にたずさわる人たちの意識が向上し、本来身についているべき資質が見直されることだ。

地方公務員の採用は、各自治体の人事委員会が決める規則に従って行われ、それぞれの自治体の体質の中に組み込まれて、実地の行政を身につけていくことになる。

財政的な無力感、地域が積み上げてきた土壌や慣例などによって、中には公務員の意識が鈍化していくケースもあろう。それが最も嫌悪すべき形で、しかも構造的に表れたのが道庁などの一連の不祥事である。

かつて地方公務員の研修機関として道に所属する自治講習所があった。履歴書に自治講習所卒という経歴が見られるのは、臨時職員などで役場に入った人がここで資格をつけて正職員になったケースである。

現在も道総務部所管で自治研修所があり、道職員と、委託された町村職員の研修を引き受けているが、教育内容は法制能力の向上などで対象は現職に限られ、人員にも限度があるのが実情だ。

一蓮托生(いちれんたくしょう)と決め付ける考えは毛頭ないが、北海道の現状は、公務員とはいかに在るべきかを問われており、そうした背景の中で公務員たちが一般住民と意見を交わしながら、同じ場で学習する意義は大きい。

道町村会は来年度の開催を英断をもって拡大してほしい。最近は公務員の中に自治や行政以前の教育の必要を感ずる人が多すぎる。

一九九六年四月十八日
北海道新聞「地域から」

【意欲わいてきた自治体】

「行政は法律の執行ではなくて、政策をつくって実行することなんだと分かりました」「何もしないでいると、ますます自治体間の格差がつく。居眠り自治体といわれないようにがんばらなくては」

昨年から始まった「地方自治土曜講座」受講者の感想を、事務局の道町村会政策情報誌「フロンティア一八〇」が特集している。

行政法や地方自治を専攻する道内大学の教授らが講師となり、昨年は北大を会場に月一回ペースで開かれた。三百六十人の受講生の七割が町村職員。道南や道東北からも遠路駆け付け、熱心に講義に耳を傾けた。

地方分権推進委員会の中間報告が三月末に出されるなど、国の権限を地方に移譲する動きが活発化している。だが、受け皿の地方自治体の力量、職員のレベルに不安がある、と権限移譲を心配する声は、分権に抵抗する中央省庁だけでなく、地方でも聞かれる。

疑念を一掃するには、何より自治体職員のあふれる意欲を示すことだ。「制度がそうなっているから」ではなく、「住民のために国の制度を変えてほしい」という提言が欲しい。その意味でも、土曜講座の熱気は頼もしい。

「五年前なら、こう盛況にはならなかったと思い

地域から　札幌

意欲わいてきた自治体

「行政は法律の執行ではなくて、政策をつくって実行することなんだと分かりました」「何もしないでいると、ますます自治体間の格差がつく。居眠り自治体といわれないようにがんばらなくては」

昨年から始まった「地方自治土曜講座」受講者の感想を、事務局の道町村会政策情報誌「フロンティア180」が特集している。

行政法や地方自治を専攻する道内大学の教授らが講師となり、昨年は北大を会場に月一回ペースで開かれた。三百六十人の受講生の七割が町村職員。道南や道東北からも遠路駆け付け、熱心に講義に耳を傾けた。

地方分権推進委員会の中間報告が三月末に出されるなど、国の権限を地方に移譲する動きが活発化している。だが、受け皿の地方自治体の力量、職員のレベルに不安がある、と権限移譲を心配する声は、分権に抵抗する中央省庁だけでなく、地方でも聞かれる。

疑念を一掃するには、何より自治体職員のあふれる意欲を示すことだ。「制度がそうなっているから」ではなく、「住民のために国の制度を変えてほしい」という提言が欲しい。その意味でも、土曜講座の熱気は頼もしい。

「五年前なら、こう盛況にはならなかったと思いますよ」。道町村会常務理事の川村喜芳さんは、時代が確実に分権の方向へ進んでいる、と笑顔で語る。今年の講座申し込みも始まった。会場は北大で一番大きな五百人収容の大講堂が用意され、応募も順調という。

（政治部　小山　道雄）

ますよ」。道町村会常務理事の川村喜芳さんは、時代が確実に分権の方向へ進んでいる、と笑顔で語る。今年の講座申し込みも始まった。会場は北大で一番大きな五百人収容の大講堂が用意され、応募も順調という。

（小山　道雄）

一九九六年六月二十五日
北海道新聞社説

【「土曜講座」盛況の遠因】

北海道地域リカレント教育推進協議会主催の『地方自治土曜講座』は八百二十二人の参加を得て、このほど第一回が開催された。

昨年度スタートした企画で、年間七回の開催数は変わらないが、今年の申し込み者は前年の約三百人の三倍に迫る八百七十四人に達した。

受講申し込みは市町村職員が全体の八〇％、道職員一〇％、残る一〇％が一般と、依然として地方自治体の関心が強い。

この講座の盛況は、地方公務員の資質向上への意欲もさることながら、政府に依存しない、地方の特色を見据えたまちおこしの方途を探るための、悲壮感に満ちた行動の第一歩と見るべきである。

戦後半世紀、政府はさまざまな重点施策を推進してきた。それらが日本を驚異的な発展に導いた一面は否定できないが、時の流れの中で多くの地方自治体が、財政面で危機的な状況に追い込まれた。

内需拡大を狙った補助金ばらまきによる公共事業の展開。推測に失敗した不況の到来と、それに伴う国の財政難に対処して実施された地方債による肩代わり政策。

エネルギー革命、農業環境の変化に備えようとした産炭地、農村部での工業団地造成など多彩であった。

しかしその結果は、苫小牧東部工業地の例に見るように、関連自治体にも巨額な投資を要求して器を作らせておきながら、それを埋める面での責任は果たされていない。施策に対する責任がなおざりにされてきたと言うべきだ。

政策の失敗はあせりとなって、省庁間の横の連絡がないまま、さらに各種のプロジェクトが推進されたが、これも実を結んだものは少ない。

地方自治体の負債の返済にますます財政を圧迫されて、独自の事業展開や、インフラの充足も思うに任せなくなった。地方は魅力と展望を失い、人口流出に拍車がかかったという構図である。

市場金利の低迷が、産業投資までを疎外している現状の中で、地方債の金利は据え置きで財政を圧迫し続けている。

リカレントは本来『循環』するという意味で、これを教育に置き換えた意図は、職業人が陳腐化していく知識を再生したり、新たな知識、技術に触れる機会を提供するを持っている。

一度社会に出た人々のリフレッシュのための生涯教育の場を求めたものだが、それが地方公共団体が存否を託した背策を模索の場となっているという一面を、政府は深刻に受け止めなければならない。

地方自治土曜講座の盛況は、地方自治体と、その下で日々の生活を送る、地域住民の苦しみの表れとして、政府の責務を見直す踏み台として欲しい。

二〇〇二年五月二日

北海道新聞「地域から」

【「土曜講座」に今年も期待】

三年ぶりに戻った札幌で残念に思ったことが一つある。今年で八年目を迎えた地方自治「土曜講座」から、道町村会が手を引くことだ。市町村職員の意識改革や政策立案能力向上に貢献してきただけに「なぜだ」と思うのは私ばかりではないようだ。

理由はいくつかあるという。各地で地域版土曜講座が開かれるようになったとの理屈は分かる。だが、講座を通じて意識を高めた職員が先進的な活動をすることに、一部から横やりのようなものがあったとも聞いた。小泉改革の下で市町村合併の旗ばかりが振られ、逆風にさらされる地方分権の現実が透けて見える。

ただ、救いもある。一九九二年に創刊した道町村会の政策情報誌「フロンティア」が依然として質の高い紙面で年四回発行されていることだ。最新号では地域通貨について神原勝北大教授と空知管内栗山町の川口孝太郎町長、後志管内黒松内町の谷口徹町長とが鼎談（ていだん）している。

編集スタッフの西科純さん（三十九）は十勝管内芽室町役場からの派遣職員。北大大学院法学研究科の社会人院生として自治体の政策評価なども研究しており、「役場の総務や企画の職員だけでなく技術系にも読まれる雑誌に」と張り切る。今年の土曜講座はこうした元気な職員らに支えられ自主運営される。期待したい。

（石川　徹）

二〇〇四年五月二十二日
北海道新聞「今日の話題」

地域から　札幌

「土曜講座」に今年も期待

札幌圏部　石川　徹

三年ぶりに戻った札幌で残念に思ったことが一つある。今年で八年目を迎えた地方自治「土曜講座」から、道町村会が手を引くことだ。市町村職員の意識改革や政策立案能力向上に貢献してきただけに「なぜだ」と思うのは私ばかりではないようだ。

理由はいくつかあるという。各地で地域版土曜講座が開かれるようになったとの理屈は分かる。だが、講座を通じて意識を高めた職員が先進的な活動をすることに、一部から横やりのようなものがあったとも聞いた。小泉改革の下で市町村合併の旗ばかりが振られ、逆風にさらされる地方分権の現実が透けて見える。

ただ、救いもある。一九九二年に創刊した道町村会の政策情報誌「フロンティア」が依然として質の高い紙面で年四回発行されていることだ。最新号では地域通貨について神原勝北大教授と空知管内栗山町の川口孝太郎町長、後志管内黒松内町の谷口徹町長とが鼎談（ていだん）している。

編集スタッフの西科純さん(三九)は十勝管内芽室町役場からの派遣職員。北大大学院法学研究科の社会人院生として自治体の政策評価なども研究しており、「役場の総務や企画の職員だけでなく技術系にも読まれる雑誌に」と張り切る。今年の土曜講座はこうした元気な職員らに支えられ自主運営される。期待したい。

【土曜講座十年】

冬は峠越えが心配なので、六月から十月の開講。その日のうちに地元へ帰らなければならないので午後五時前には終了。こんなルールが定着している。

全道各地の自治体職員らが地方自治や分権について学ぶ「地方自治土曜講座」が、今年も北海道学園大を会場に六月から始まる。

北大と道町村会が中心になって一九九五年に始まった。今年は十年目の節目となる。

月一、二回、年間五—七回にわたって第一線の研究者や先進自治体の実務者の講義を聴き、討論にも加わる。研修の機会の少ない町村職員には刺激的な催しだ。

初回は予想の五倍もの受講希望者が殺到、翌年はさらに倍増と、当初の熱気は今も語り草になっている。礼文島からフェリーと夜行列車を乗り継いできた男性、宮城県から飛行機で通った町村会の女性職員の姿もあった。

年を重ねても、受講者が毎回三百人を超える熱気は変わらない。昨年まで九年間の登録受講者は延べ四千二百人に上った。

受講生が町村役場に戻って、成果を発揮した例も多い。代表が、逢坂誠二町長を先頭に二十人の職員が学んだ後志管内ニセコ町だ。

平成の大合併、小泉内閣のいわゆる三位一体改革—。自治体をとりまく情勢は大きく変わり、さらに揺れている。

発足当初、町村会常務理事として講座を育てた川村喜芳さんは「受講者の意欲がかぎ。一度まかれた種は自治体に残る」と話す。

二〇〇二年から職員有志が自ら実行委をつくって運営している。

（山崎　隆志）

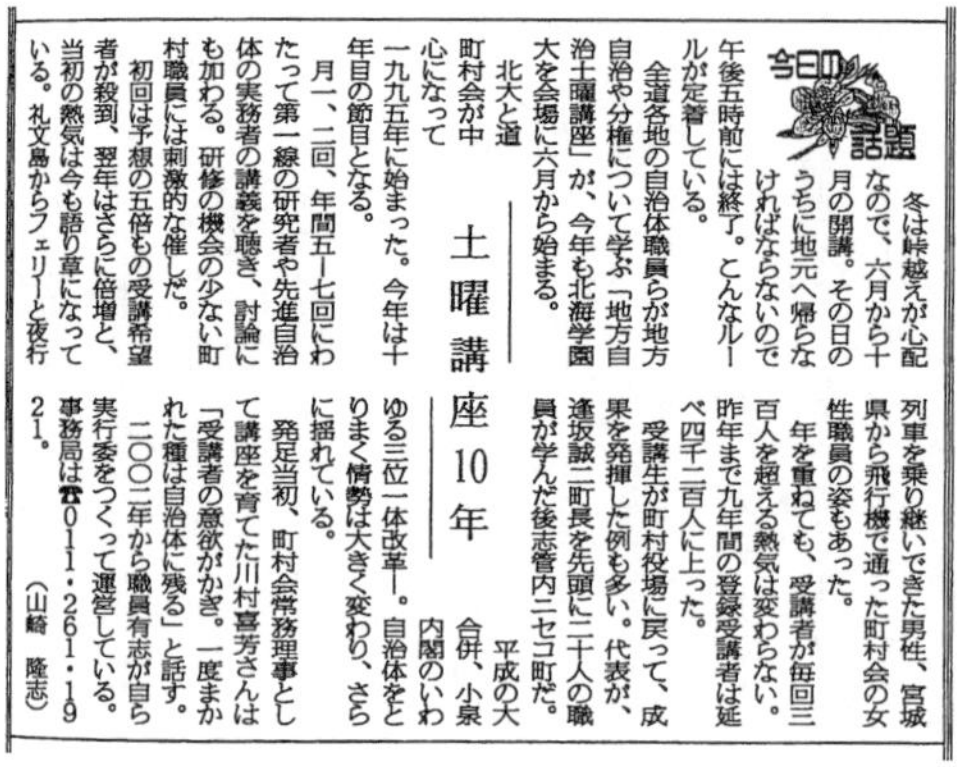

今日の話題

土曜講座10年

冬は峠越えが心配なので、六月から十月の開講。その日のうちに地元へ帰らなければならないので午後五時前には終了。こんなルールが定着している。

全道各地の自治体職員らが地方自治や分権について学ぶ「地方自治土曜講座」が、今年も北海学園大を会場に六月から始まる。

北大と道町村会が中心になって一九九五年に始まった。今年は十年目の節目となる。

月一、二回、年間五—七回にわたって第一線の研究者や先進自治体の実務者の講義を聴き、討論にも加わる。研修の機会の少ない町村職員には刺激的な催しだ。

初回は予想の五倍もの受講希望者が殺到、翌年はさらに倍増と、当初の熱気は今も語り草になっている。礼文島からフェリーと夜行列車を乗り継いできた男性、宮城県から飛行機で通った町村会の女性職員の姿もあった。

年を重ねても、受講者が毎回三百人を超える熱気は変わらない。昨年まで九年間の登録受講者は延べ四千二百人に上った。

受講生が町村役場に戻って、成果を発揮した例も多い。代表が、逢坂誠二町長を先頭に二十人の職員が学んだ後志管内ニセコ町だ。

平成の大合併、小泉内閣のいわゆる三位一体改革—。自治体をとりまく情勢は大きく変わり、さらに揺れている。

発足当初、町村会常務理事として講座を育てた川村喜芳さんは「受講者の意欲がかぎ。一度まかれた種は自治体に残る」と話す。

二〇〇二年から職員有志が自ら実行委をつくって運営している。事務局は☎011・261・1921。

（山崎　隆志）

二〇一〇年九月二日
朝日新聞「窓」

【最後の土曜講座】

自治体職員の学習の場だった北海道の「地方自治土曜講座」が、開講十六年目のこの八月で幕を閉じた。参加者減や事務局スタッフの不足が理由という。

北海道町村会と北海道大の研究者が中心になり、一九九五年に始めた。ちょうど地方分権推進法が制定され、分権が本格的に動き始めたころだ。受講者は初回が三六〇人、多いときは八七〇人、最近は一〇〇人前後だった。

講座は毎年五月ごろに始まり、秋までほぼ月一回。当初は北大、最近は北海学園大の教室を使った。朝から夕方までみっちり、自治の理論と現場の実務を何人かの大学教授や自治体の首長らが語る。九十一回に達した講座の内容は、大半が東京の出版社からブックレットとして発行された。百十五冊を数える。

タイトルを眺めると、地方分権や自治体法務、市民自治、金融改革、自治体基本条例、市町村合併、道州制、三位一体改革、議会基本条例などの用語が並ぶ。そのときどき、何が地方自治をめぐる課題だったかがよく分かる。

最後の講座には、約二〇〇人が集まった。政治学者の松下圭一さんが市民自治の理論を説き、自治体改革はどこまで進んだかをめぐる討論もあった。

当初からかかわってきた森啓・北海学園大元教授は「時代の転換期には学習熱が高まる。講座は自治体職員の心の奥深く響いたのだろう」と振り返る。

これだけの蓄積だ。若い世代へも引き継がれるといいが。

（大峯　伸之）

一九九九年三月
「法務セミナー」

北海道「土曜講座」の定着

北海道における「地方自治土曜講座」は一九九九年で五年目の開催になる。地方自治と自治体職員に理解のある北大法学部教授を中心とした講師陣による質の高い連続講座の開催は、北海道では初の試みであり、全国的にみても画期的な帰化だった。

同講座が実現した背景には、特殊な北海道の状況として、町村職員の研修機会が絶対的に少ない現象がある。札幌近郊の町村職員による広域的自主研究グループの「道央圏町村職員政策研究会」が九四年に行ったアンケート調査結果によると、勤続一〇年未満の町村職員の実に六二％が採用時の初任者研修以外に正規の研修を受けていない。道内一八〇町村（当時）の職員数は約三万人だが、各種研修機関への入所者は年間一〇〇〇人程度だから、平均すると研修機会は二〇年から三〇年に一度しか回ってこない計算になる。

職員研修をめぐるこうした実態を背景に開催された「土曜講座」は、折からの地方分権の高まりも追い風となり、大きな反響を呼んだ。受講者は町村職員を中心に市や道の職員の他、議員や市民にも広がり、一年目は三六〇人、二年目は八二五人、三年目は五〇三人、四年目は四六七人、そして五年目のことしは四九〇人を数えた。三年目の九七年からは、札幌以外の「地方会場」数か所も加わり、全体の受講生は一五〇〇人近くなる。

「土曜講座」が実際にどのようなものか、その概要はプログラムをみていただければイメージしていただけるであろう。講師陣は道内外の研究者自治体職員、首長、企業家と多彩だ。講義のテーマも、自治体理論や現場の行政技術に関する魅力ある論点が設定されている。講座内容は、年を追って充実度を増してきている。

「土曜講座」の質は、従来の集合研修の質とは明らかに違う。個別の法制度知識として学ぶのでもなければ、組織が要請する能力開発やマネージメント技術の習得でもない。今日の自治の全体像と自治体職員としてのアイデンティティをつかみとり、そこからわが市町村のまちづくりを担う主体たるべくいかに自己形成していくか。こうした問題意識に根ざした学習運動として「土曜講座」は定着しつつある。

さて、ここで、この「土曜講座」が職員研修との関わりで、どのような意味を持つか、その点に触れてみたい。ます、指摘できることは、「土曜講座」の事実としての圧倒的なインパクトが、従来の「研修」イメージを大きく変えた点である。すなわち、既存の研修所等で受ける研修の他にも多様な研修の形がありうることを、「土曜講座」を通して知ったのである。まさに「研修機会の多様性」の実例ともいえる。自分たちが知りたい事項や学びたいテーマについて、自分たちが選んだ講師を招いてじっくりと話を聞く。そうした研修を可能にする具体的方法と経験を手に入れたのである。

事実、「土曜講座」の波及力は大きかった。道内各地に「地方版土曜講座」が実行委員会方式で生まれ、ネットワークが広がっている。講師陣の大学の先生たちも、忙しいスケジュールの中から駆けつけてくれ、地域における自治体職員や議員、市民と研修者との貴重な出会いの場となっている。

さらに時を同じくして北海道自治体学会が設立され、与えられる研修から職員自らの手で創り出す研修に途を開いた「土曜講座」方式は、推進委が提唱した「研修機会の多様性」に具体的に応える有効な実践例といえるであろう。

（桑原隆太郎・嶋田　浩彦）

資料２　地方自治土曜講座―十六年の記録

テーマ・講師　一覧

一九九五年

六月三日

第一講〜第三講　現代自治の条件と課題（分権と自治、自治の発展、代表民主制）

北海道大学教授　神原　勝

六月二十四日

第一講　現代自治の条件と課題（自治の課題）

北海道大学教授　神原　勝

第二講・第三講　自治体の政策研究

北海道大学教授　森　啓

七月二十二日

第一講・第二講　現代政治と地方分権

北海道大学教授　山口二郎

第三講　高齢化社会への軟着陸をめざして

前北海道町村会長　小林勝彦

八月十九日

第一講・第二講　行政手続きと市民参加

北海道大学教授　畠山武道

第三講　まちづくりの情報戦略

池田町長　大石和也

九月二十三日

第一講・第二講　成熟型社会の地方自治像

北海道大学教授　間島正秀

第三講　自治と参加（アメリカの事例から一）

北海学園大学教授　佐藤克廣

十月二十八日

第一講　自治と参加（アメリカの事例から二）

北海学園大学教授　佐藤克廣

第二講・第三講　自治体法務とは何か

北海道大学教授　木佐茂男

十一月二十五日

第一講　自治体職員の政策開発

北海道町村会常務理事　川村喜芳

第二講・第三講　総合討論

森啓、神原勝、山口二郎、畠山武道

木佐茂男、佐藤克廣、川村喜芳

一九九六年

六月一日

第一講　まちづくりから国づくり

元内閣官房長官　五十嵐広三

第二講　自治体デモクラシーと政策形成

北海道大学教授　山口二郎

第三講　自治体理論とは何か

北海道大学教授　森　啓

七月十三日

第一講　地方政府の多様化と地方自治

北海学園大学教授　佐藤克廣

第二講・第三講　世界の地方自治の潮流

北海道大学教授　木佐茂男

サマーセミナー

八月十七日（一日目）

第一講　市民の時代の首長・議員・職員の関係

北海道大学教授　森　啓

第二講　政府間関係を考える

北海道大学教授　間島正秀

第三講　日本政治の行方と地方自治

北海道大学教授　山口二郎

夜　グループ討議

八月十八日（二日目）
第一講　自治体法務論の現状と課題
札幌大学助教授　福士　明
第二講　ヨーロッパ・都市の政治史
北海道大学教授　田口　晃
第三講　これからの社会が必要としている地方の姿
新得共働学舎　宮嶋　望

九月七日
第一講　地方自治について思うこと
元美深町長　西尾六七
第二講　憲法と地方自治
北海道大学教授　中村睦男
第三講　まちづくりの目指すもの
道立寒地住宅都市研究所長　千葉　純

十月五日
第一講　まちづくりの現場から
由仁町長　斉藤外一
第二講　環境問題と当事者～法律編
北海道大学教授　畠山武道
第三講　環境問題と当事者～政治編
北海道教育大学助教授　相内俊一

十一月二日
第一講　市町村の行政情報システムの構築に向けて
北海道町村会情報センター次長　笹谷幸一
第二講　市民自治の制度開発
北海道大学教授　神原　勝

一九九七年

五月三十一日
第一講　行政の文化化
北海道大学教授　森　啓
第二講　町村行政と道庁改革
奈井江町長　北　良治

七月五日
第一講　政策法務と条例
神戸大学教授　阿部泰隆
第二講　政策法務と自治体
三鷹市企画部長　岡田行雄

サマーセミナー
八月二日（一日目）
第一講　自治体のサイズと政策過程
北海道教育大学助教授　相内俊一
第二講　道政改革と地方自治
北海学園大学教授　佐藤克廣
第三講　地方分権推進委員会の成果と限界
東京大学教授　西尾　勝
フォーラム　分権時代の自治体職員

八月三日（二日目）
第一講　町村の直接民主政
北海道大学教授　田口　晃
第二講　産業廃棄物問題を考える
北海道大学教授　畠山武道

九月六日
第一講　自治体計画の理論と手法
北海道大学教授　神原　勝
第二講　自治体施策の原価計算と事務事業別予算
国分寺市保健福祉施設整備室長補佐
小口進一

十月四日
第一講　自治体経営に望むもの
北海道中小企業家同友会　大久保尚孝
第二講　地方分権と地方財政
北星学園大学教授　横山純一

十一月一日
第一講　地方分権と自治体職員
北海道大学教授　木佐茂男
第二講　比較の中の分権と改革
北海道大学教授　山口二郎

一九九八年

五月三十日
第一講　議会活動とまちづくり
　北海学園大学教授　森　啓
第二講　自治の課題とこれから
　ニセコ町長　逢坂誠二
六月二十七日
第一講　内発的発展による地域産業の振興
　島根大学教授　保母武彦
第二講　地域の産業をどう育てるか
　北海道大学教授　金井一頼
七月二十五日
第一講　金融改革と地方自治
　日本総合研究所　宮脇　淳
第二講　ローカルデモクラシーの統治能力
　北海道大学教授　山口二郎
サマーセミナー
八月二十八日（一日目）
第一講　政策立案過程への『戦略計画』手法の導入
　北海学園大学教授　佐藤克廣
第二講　市民から自治体に望むこと
　日本消費者連盟　神原昭子
第三講　変革の時に思うこと、願うこと
　北海道政策室長　磯田憲一
フォーラム　情報公開制度と政策評価を巡って
八月三十日（二日目）
第一講　分権時代の自治制度
　中央大学教授　辻山幸宣
第二講　地方分権
　ジャーナリスト　大和田建太郎
対談　分権改革のこれからの課題
九月十九日
第一講　分権時代の政策法務
　神奈川県職員　礒崎初仁
第二講　地方分権と法解釈の自治
　東京都立大学名誉教授　兼子　仁
十月二十四日
第一講　市民的自治思想の基礎
　北海道大学教授　今井弘道
第二講　少子・高齢社会と自治体の福祉法務
　小金井市福祉保健部長　加藤良重
第三講　自治体基本条例について
　北海道地方自治研究所　辻道雅宣

一九九九年

五月二十九日
第一講　改革の主体は現場にあり
　東川町長　山田孝夫
第二講　自治と分権の政治学
　関東学院大学教授　鳴海正泰
六月十九日
第一講　公共政策と住民参加
　立命館大学教授　宮本憲一①
第二講　農業を基軸としたまちづくり
　士幌町長　小林康雄
第三講　これからの北海道農業とまちづくり
　前沼田町長　篠田久雄
七月二十四日
第一講　自治の中に自治を求めて
　岩手県藤沢町長　佐藤　守
第二講　介護保険は何を変えるのか
　龍谷大学助教授　池田省三
第三講　介護保険と広域連合
　空知中部広域連合参与　大西幸雄
サマーセミナー
八月二十八日（一日目）

第一講　自治体職員の政策水準
北海学園大学教授　森　啓
第二講　分権型社会と条例づくり
東京大学名誉教授　篠原　一
フォーラム　分権型社会と議会の役割

八月二十九日（二日目）
第一講　自治体における政策評価の課題
北海学園大学教授　佐藤克廣
第二講　小さな町の議員と自治体
厚岸町議会議員　室崎正之

十月二日
第一講　地方自治を実現するために法が果たすべきこと
北海道大学教授　木佐茂男
第二講　改正地方自治法案とアカウンタビリティー
千葉大学教授　鈴木庸夫

十月三十日
第一講　財政運営と公会計制度
北海道大学教授　宮脇　淳
第二講　自治体職員の意識改革を如何にして進めるか
恵庭市立図書館長　林　嘉男
第三講　道政改革の検証
北海道大学教授　神原　勝

二〇〇〇年

五月二十七日
第一講　環境自治体とＩＳＯ
北海道大学教授　畠山武道
第二講　転型期自治体の発想と手法
法政大学名誉教授　松下圭一①

七月一日
第一講　分権の可能性
北海道大学教授　山口二郎
第二講　機能重視型政策の分析過程と財務情報
北海道大学教授　宮脇　淳

七月二十九日
第一講　自治体の広域連携
北海学園大学教授　佐藤克廣
第二講　分権時代における地域経営
白老町長　見野　全
第三講　上からの町村合併をハネ返す力
北海学園大学教授　森　啓

サマーセミナー
八月十九日（一日目）
第一講　「自治体学」のすすめ
法政大学名誉教授　田村　明
第二講　市民・行政・議会のパートナーシップを目指して
登別市議会議長　松山哲男
フォーラム　市民・議員・職員のまちづくりの『実践』における『理論』の意味

八月二十日（二日目）
第一講　アメリカン・デモクラシーと地方分権
北海道大学教授　古矢　旬

九月九日
第一講　新地方自治法と自治体の自立
北海道大学教授　井川　博
第二講　分権型社会の地方財政
東京大学教授　神野直彦

十月七日
第一講　自然と共生した町づくり
宮崎県綾町職員　森山喜代香
第二講　情報共有と自治体改革
ニセコ町環境衛生課長　片山健也
第三講　支庁改革とは何か
北海道大学教授　神原　勝

二〇〇一年

六月二十三日

第一講　地域民主主義の活性化と自治体改革
北海道大学教授　山口二郎
第二講　分権は市民への権限委譲
国立市長　上原公子

七月十四日
第一講　今なぜ合併か
篠山市長　瀬戸亀男
第二講　市町村合併をめぐる状況分析
関西学院大学教授　小西砂千夫

九月十五日
第一講　自治体の政策形成と法務システム
札幌大学教授　福士　明
第二講　ポスト公共事業社会と自治体政策
法政大学教授　五十嵐敬喜

十月二十日
第一講　男女共同参画社会と自治体政策
東京家政大学教授　樋口恵子
第二講　自治体人事政策の改革
北海学園大学教授　森　啓
パネル討論　住民自治の視座

二〇〇二年

六月十五日
第一講　自治体とＮＰＯとの関係
北海道大学教授　田口　晃
第二講　地域通貨と地域自治
北海道大学助教授　西部　忠
パネル討論　田口晃、西部忠、長谷川誓一（くりやまエコマネー研究会）、村上紀美子（北海道たすけあいワーカーズ）

七月十三日
第一講　北海道経済の戦略と戦術
北海道大学教授　宮脇　淳
第二講　地域おこしを考える視点
日本経済新聞社　矢作　弘
パネル討論　地域経済政策を考える
山口二郎、山下邦廣（下川町森林組合）、矢作弘、佐野修久（日本政策投資銀行）

九月二十八日
第一講　これからの地域、これからの思想
哲学者　内山　節
第二講　市民社会の再生と地方自治
東京大学名誉教授　篠原　一
第三講　北海道行政基本条例の構想と試案
北海道大学教授　神原　勝

十月十九日
第一講　自治体の広域連携
北海学園大学教授　佐藤克廣
第二講　公共事業を巡る国と自治体との対等関係とは
島根県職員　原　誠一
パネル討論　佐藤克廣、川城邦彦（北海道政策推進評価課長）、原　誠一

十一月九日
第一講　協働の思想と体制
北海学園大学教授　森　啓
第二講　協働のまちづくり
三鷹市教育委員会事務局総括次長　秋元政三
パネル討論　森啓、秋元政三、田岡克介（石狩市長）、北良治

二〇〇三年

六月二十一日
講演　シビルミニマム再考
法政大学名誉教授　松下圭一②
問題提起スペース　私と松下理論
淺野輝雄、荒木雅彦、今川かおる、

大山幸成、川村喜芳、神原勝、桑原隆太郎、高橋悟、渡辺三省
パネル討論　自治体理論とは何か
司会　森　啓

七月十九日
第一講　北海道自治のかたち
北海道大学教授　神原　勝
第二講　市町村合併の財政論
地方自治総合研究所　高木健二
パネル討論　神原勝、砂川敏文（帯広市長）、北良治、高木健二

九月二十日
第一講　市町村行政改革の方向性
北海学園大学教授　佐藤克廣
第二講　志木市行政改革への挑戦
志木市職員　尾崎誠一
パネル討論　佐藤克廣、尾崎誠一、岩城達己（白老町職員）、石本玲子（電通北海道）

十月十八日
第一講　創造都市と日本社会の再生
大阪市立大学教授　佐々木雅幸
第二講　地方政治の活性化と地域政策
北海道大学教授　山口二郎
対談　分権時代における地域経済社会の再生
山口二郎、佐々木雅幸

十一月八日
第一講　自治体の政策形成力
北海学園大学教授　森　啓
第二講　多治見市の総合計画に基づく政策実行
多治見市長　西寺雅也
パネル討論　森啓、西寺雅也、横田耕一（稚内市長）

二〇〇四年

六月五日
第一講　自治体再構築の市民戦略
法政大学名誉教授　松下圭一③
第二講　リレー講義　自治体改革の回顧と展望
状況追随思考と思考の座標軸
北海学園大学教授　森　啓
革新道政の遺産と自治体改革
北海学園大学非常勤講師　川村喜芳
北海道をSWOT分析！？
北海学園大学教授　佐藤克廣
自治体改革の回顧と展望
北海道大学教授　神原　勝
パネル討論　神原勝、松下圭一、森啓、佐藤克廣、川村喜芳

六月二十六日
第一講　維持可能な社会と自治体
滋賀大学学長　宮本憲一②
第二講　文化環境の保存・修景・創造
北海学園大学教授　森　啓
第三講　霧多布湿原の保存・修景
霧多布湿原トラスト　伊東俊和
パネル討論　美しい地域環境をつくる自治体政策
森啓、宮本憲一、伊東俊和

七月二十四日
第一講　道州制の論点と北海道
北海学園大学教授　佐藤克廣
報告　議会基本条例要綱試案
土曜講座スタッフ　渡辺三省
第二講　自治基本条例の構想と私案
北海道大学教授　神原　勝
第三講　「公務員制度改革」を考える
北海学園大学非常勤講師　川村喜芳
サマーセミナー　待ったなし、合併とまちづくり＆新しい公共サービスの視点
八月二十一日（一日目）
講演　一人ひとりが輝く村づくりを目指して

長野県栄村長　高橋彦芳
パネル討論　待ったなし、合併とまちづくり
森啓、高橋彦芳、北良治

八月二十二日（二日目）
講演　これからの公共サービスを考える
地方自治総合研究所　辻山幸宣

十月二日
第一講　グローバル経済の中の北海道
慶応義塾大学教授　金子　勝
報告　市民自治のコミュニティ
土曜講座スタッフ　長谷部英司
第二講　北海道農業の展望と方向性
拓殖大学北海道短期大学教授　相馬暁
パネル討論
山口二郎、金子勝、相馬暁

十月三十日
第一講　入札改革で地域を変える
法政大学教授　武藤博己
報告　自治体の戦略的アウトソーシング
土曜講座スタッフ　酒井智美
第二講　働き方で地域を変える
浅井学園大学教授　山田眞知子
パネル討論　社会的価値を基準にした制度の開発
佐藤克廣、武藤博己、山田眞知子、工藤仁美（札幌パートユニオン）

二〇〇五年

六月十一日
公共は誰が担うのか
第一講　公共をめぐる攻防
北海学園大学教授　樽見弘紀
第二講　東根市における業務のアウトソーシング
東根市長　土田正剛
パネル討論　公共をどのように捉えるか
佐藤克廣、樽見弘紀、土田正剛、小林董信（NPOサポートセンター）、森影依㈱インテリジェント・リンク）

七月九日
三位一体改革と自治体財政
第一講　三位一体改革とこれからの自治体財政
総務省官房総務課長　岡本全勝
第二講　三位一体改革－現場の主張
北海道副知事　山本邦彦
奈井江町長　北良治
ニセコ町長　逢坂誠二
パネル討論　どうなる、どうする自治体財政
川村喜芳、岡本全勝、山本邦彦、北良治、逢坂誠二

サマーセミナーIN奈井江町
連合自治の可能性を求めて
八月二十七日（一日目）
実践報告・自治体間協力の現場を見る
大雪地区広域連合の実践
東川町長　松岡市郎
空知中部広域連合の実践
空知中部広域連合　堀　則文
空知中部連合自治研究会
奈井江町まちづくり課長　三本英司
パネル討論
自治体間協力の可能性を問う
佐藤克廣、砂川敏文、北良治、松岡市郎

八月二十八日（二日目）
講演　フィンランドの連合自治
浅井学園大学教授　山田眞知子
講演　連合自治の発展のために
北海学園大学教授　神原　勝

九月十七日
市町村合併と住民自治

実践報告一　町民参画の行財政改革
羅臼町長　脇　紀美夫
実践報告二　子どもが参加して決めた町の将来
奈井江町職員　碓井直樹
パネル討論　合併論議を振り返って
森啓、高原一隆（北海学園大学教授）、小田清（北海学園大学教授）、神沼公三郎（北海道大学教授）
碓井直樹、嶋田浩彦、小林生吉、家内裕典、神義雄

十月二十九日
コミュニティビジネスと建設帰農
講演　地方発のビジネス～地域活性化へ
酪農学園大学教授　松本　懿
事例報告一　産官学共同から生まれた環境ビジネス
標茶町企画財政課長　佐藤吉彦
事例報告二　建設業から低農薬栽培の大規模農業へ進出
風連町橋場建設　橋場利夫
事例報告三　建設業から羊牧場とレストラン
北檜山町北工建設　山北博明
事例報告四　農協と建設業とによる新たな地域連携
大樹町農業協同組合　飯野政一
パネル討論　神原勝、松本懿、佐藤吉彦、橋場利夫、山北博明、飯野政一

二〇〇六年

五月二十七日
自治体改革から自治体再構築へ
第一講　自治体も破産する
法政大学名誉教授　松下圭一④
第二講　自治体改革の課題と展望
ニセコ町出納室長　片山健也
自治体の職員力―私の実践
多治見市企画課長　青山　崇
市民参加条例の考え方
札幌大学教授　福士　明
パネル討論「市民自治の実践」を考える
森啓、福士明、片山健也、青山崇

六月二十四日
今、求められる職員力、市民力とは
講演「小さな政府」論とはなにか
日本大学教授　牧野富夫
報告一　今、自治体職員になにが必要か
恵庭図書館参与　林　嘉男
報告二　市民に応えられる職員とは
所沢市高齢者支援課長　鏡　諭
パネル討論　市民力と職員力
森啓、小玉俊宏（北海道職員）、林嘉男、鏡諭

サマーセミナーIN栗山町
議会基本条例と議会改革
七月二十二日（一日目）
講演　栗山町議会基本条例について
栗山町議会議長　橋場利勝
講演　議会基本条例の意義と課題
北海学園大学教授　神原　勝

七月二十三日（二日目）
パネル討論
議会基本条例の役割と展望
橋場利勝、阿部敏夫（北星学園大学教授）、久保厚子（旭川市議会議員）、松山哲男、加藤紀孝（ニセコ町職員）、渡辺三省（札幌市市民活動促進担当課長）、神原勝

八月二十六日
市民と自治体職員との新しい関係
講演一　なぜいま「市民自治体」か
市民運動全国センター　須田春海
講演二　合併しない町の自立計画
福島県矢祭町職員　高信由美子
パネル討論　よりよい「市民社会」形成のために、市民と自治体はどのような関係を築いていけばよいか

山内亮史（旭川大学学長）、杉山さかゑ（北海道ＮＰＯサポートセンター）、須田春海、高信由美子

九月二十三日
北海道の先進事例に学ぶ
講演一　下川町の実践について
下川町長　安斎　保
講演二　蘭越町のまちづくりの実践について
蘭越町長　宮谷内留雄
講演三　白老町の実践について
北海道監査委員　見野　全
パネル討論　佐藤克廣、神原勝、宮谷内留雄、安斎保、見野全

二〇〇七年

五月十九日
地方分権改革
第一講　地方分権改革の道筋
東京市政調査会理事長　西尾　勝
第二講　分権型社会と平等
北海道大学教授　山口二郎
討論　地方分権改革をさらに推し進めるビジョン
山内亮史、西尾勝、山口二郎、森啓

六月三十日
市民の安心、安全をどう守る
第一講　医療制度改革と自治体政策
新潟大学教授　加藤智章
第二講　北海道における医療と介護問題
北星学園大学教授　杉岡直人
第三講　行政と社協が連携した地域福祉
南富良野町職員　東　啓二
パネル討論　地域に根ざした医療・福祉とは
杉岡直人、加藤智章、東啓二、白戸一秀（北海道社会福祉協議会）

サマーセミナーＩＮ白老町
検証ー自治基本条例
八月四日（一日目）
講演　自治基本条例と市民自治
北海学園大学教授　森　啓
事例発表一　ニセコ町まちづくり基本条例再考
ニセコ町職員　片山健也
事例発表二　白老町の住民自治
白老町町内会連合会　佐藤俊夫
事例発表三　協働のまちづくりから総合計画、自治基本条例へ
白老町職員　高橋裕明
フォーラム　まちづくりと自治基本条例
高橋裕明、森啓、福士明
八月五日（二日目）
講演　自治基本条例の制度戦略
札幌大学教授　福士　明
事例発表四　石狩市市民参加条例の考え方
石狩市職員　佐々木隆哉
パネル討論　自治基本条例をどう活かすか
川村喜芳、片山健也、佐々木隆哉、高橋裕明、森啓、福士明

八月二十五日
自治体財政破綻からの脱出
第一講　財政危機からの脱出と地域の再生
京都女子大学教授　橋本行史
第二講　政策選択と予算配分
法政大学法講師　加藤良重
パネル討論　大西有二、橋本行史、加藤良重、西村宣彦（北海学園大学講師）

九月二十二日
格差社会を超える
第一講　『格差社会』の現実と背景
ジャーナリスト　平舘英明
第二講　格差社会を超えるための自治体の役割

パネル討論　北海道における脱『格差社会』への戦略
北海道大学教授　宮本太郎
樽見弘紀、平舘英明、宮本太郎、高原一隆

二〇〇八年

六月七日
分権型社会と広域自治体の役割
第一講　都道府県改革の戦略
中央大学教授　礒崎初仁
第二講　道州制と支庁制度改革
北海道地域主権局長　川城邦彦
第三講　道庁に求められるもの
小樽商科大学教授　相内俊一
第四講　小規模町村の課題と広域自治体
中頓別町まちづくり推進課長　小林生吉
討論　広域自治体の意味
川村喜芳、川城邦彦、相内俊一、小林生吉、礒崎初仁

七月五日
地方都市の商店街の活性化
第一講　北海道の地域力とまちづくり
日本政策投資銀行　藻谷浩介
報告一　これからの地域まちづくり
札幌市住宅整備担当課長　星　卓志
報告二　白老町の商工業振興に携わって
白老町建設課長　星　貢
第二講　リスク社会における地域作りと政策の役割
北海道大学教授　山口二郎
パネル討論　大西有二、藻谷浩介、山口二郎、星卓志、星貢

八月九日
住民による地域活性化の実践
講演　市民が先導するまちづくり
札幌国際大学准教授　吉岡宏高
報告一　ゆうばり市民会館と映画祭の運営
ゆうばりファンタ　澤田直也
報告二　「幌岡ＳＯＵＫＯ」の取り組み
幌岡ＳＯＵＫＯプロジェクト　植村真美
報告三　市民活動支援制度えにわブーケトス
恵庭市生活環境部次長　北岡昌洋
パネル討論　市民が先導するまちづくり
吉岡宏高、澤田直也、植村真美、北岡昌洋、樽見弘紀

九月二十七日
自治の過去・現在・未来
第一講　自治の過去・現在・未来
法政大学名誉教授　松下圭一⑤
第二講　自治体学の論点
自治体政策研究所理事長　森　啓
パネル討論　市民自治の課題と展望
山内亮史、松下圭一、神原勝、田中富雄（三郷市企画調整課長）、森啓

二〇〇九年

六月六日
地域医療を考える
報告一　地域医療とは何か
夕張希望の杜　村上智彦
報告二　奈井江町の地域連携・医師連携
奈井江町国保病院事務長　小澤敏博
問題提起　医療崩壊から地域を救うために
勤医協中央病院　田村裕昭
パネル討論　森啓、北良治、田村裕昭、永森克志（夕張希望の杜）、菊澤敦（北海道医師確保推進室長）

七月十一日
第二期分権改革と自治のこれから
第一講　分権改革と地方自治
北海学園大学教授　神原　勝
第二講　第二次分権改革が目指すもの
北海道大学教授　宮脇　淳
問題提起　第二期分権改革に期待するもの

北海道総合政策部参事監　前川克彦
恵庭市長　中島興世
パネル討論　第二期分権改革の課題と展望
川村喜芳、神原勝、宮脇淳、前川克彦、中島興世

八月二十二日
議会は変わるか？──議会改革の諸問題──
第一講　議会をめぐる法改正と地制調での議論
北海学園大学教授　大西有二
第二講　議会改革の諸相
北海学園大学教授　福士　明
第三講　NPO活動と議会
北海学園大学教授　樽見弘紀
報告　政務調査費など
リンカーンフォーラム　山下浩
パネル討論　議員による現状報告
大西有二、原田裕(道議会議員)、宮下裕美子(月形町議会議員)、林かづき(江別市議会議員)、松山哲男、大渕紀夫(白老町議会議員)

九月十二日
移住促進によるまちづくりの課題と可能性
報告一　北海道から、新たな日本の笑顔をつくりませんか？
北海道商工会連合会　大山慎介
報告二　移住定住促進で元気なまちづくり
東川町職員　矢ノ目俊之
報告三　移住定住促進で元気なまちづくり
伊達市住んでみたいまちづくり課長　清野豊
報告四　移住促進のために求められるもの
伊達市移住コンシェルジェ　井餘田浩司
パネル討論　武田るい子(清泉女学院短期大学准教授)、大山慎介、矢ノ目俊之、清野豊、井餘田浩司

二〇一〇年

七月十七日
日本社会の可能性～自治体の政策力
講演　日本社会の可能性
大阪市立大名誉教授　宮本憲一③
討論　現在日本の課題と自治体の可能性
森啓、宮本憲一、宮本太郎、山口二郎

八月二十八日
市民の時代
第一講　市民自治理論
法政大学名誉教授　松下圭一⑥
第二講　自治体学の理論と実践
自治体政策研究所理事長　森　啓
報告一　自治体改革の軌跡
北海学園大学教授　神原　勝
報告二　自治体現場は変わったか
元名寄市職員　桑原隆太郎
パネル討論
検証　自治体改革
自治体改革と土曜講座
森啓、松下圭一、神原勝、川村喜芳、山内亮史、桑原隆太郎

(注)演題に係る副題については、紙面の都合上、一部省略した

地域版土曜講座の記録

【上川道北地域地方自治土曜講座】

一九九六年

七月二十日
地方分権と自治体職員
北海道大学教授　山口二郎
いま、なぜ、地方分権か
前鷹栖町長　小林勝彦

八月二十八日
まちの魅力とまちづくりの主体
北海道大学教授　森　啓
地域の情報化戦略
北海道教育大学教授　山形積治

九月二十一日
世界・国家・地方
大学と地域
前神奈川県知事　長洲一二
旭川大学教授　竹中英泰

十月十九日
地域医療
旭川医科大学教授　石川睦男
地域の生活環境の在り方
北海道東海大学教授　渋谷邦男

十一月十六日
ケースマネジメントによる在宅ケア
聖学院大学教授　前田信雄
農水省から自治体職員
美瑛町職員　高橋純一

一九九七年

五月十七日
住んでいることを誇りに思うまちづくり
北海道大学教授　森　啓
市町村の広域連携について
旭川工業高等専門学校教授　白井　明

六月二十一日
二十一世紀の北海道農業の展望
道立上川農業試験場長　相馬　暁
分権社会と地域福祉
前鷹栖町長　小林勝彦

七月十九日
観光振興による地域おこしと行政の役割
リクルート北海道　三浦重道
分権時代の自治と政策
北海道大学教授　神原　勝

八月九日
地方分権の実現に向けて
東京大学教授　大森　彌

九月二十七日
地方分権と地方財政
北星学園大学教授　横山純一
分権の「受け皿論」にどう応えるか
北海道町村会常務理事　川村喜芳

十月十八日
国際比較の中の地方自治
北海道大学教授　山口二郎
女性問題について
東京家政大学教授　樋口恵子

一九九八年

四月二十五日
介護保険制度の概要について

北海道保健福祉部医療参事　館石宗隆
介護保険の実施に向けて
奈井江町長　北　良治
パネル討論　介護保険制度の導入に伴う
市町村の対応と役割
小林勝彦、北良治、前沢政次、館石
宗隆、米谷裕子（士別市職員）

五月十六日
分権社会と地域福祉
前鷹栖町長　小林勝彦
北海道から新たな発信
北海道国際航空　中村　晃
地域生活環境指標と名寄市総合計画の策定
名寄市企画調整課長　松尾　薫
北海道の優位性と広域活動による活性化戦略
下川町議会議員　谷　一之

六月二十日
地方分権の実現に向けて
前鷹栖町長　小林勝彦
富良野市のごみ処理と容器包装リサイクル法の取り組み
富良野市職員　原田豊美

七月十八日
北海道経済の自立と自治体の役割
酪農学園大学教授　石黒直文
住民主導によるタウンマネージメントセンター
シグマ都市コンサルタント　高須喜久男

九月二十六日
地方分権推進計画と第5次勧告
東京大学教授　西尾　勝
パネル討論　分権改革と日本の進路
小林勝彦、西尾勝、田中秀征（福山大学教授）、山口二郎

二〇〇一年

五月十二日
地方分権その後
元鷹栖町長　小林勝彦
パネル討論　これからの自治体運営と合併
嶋田浩彦、片山健也、星貢、山本進（東神楽町職員）

六月九日
自治体財政の課題
北海道大学教授　宮脇　淳

七月七日
アメリカ廃棄物行政事情
札幌大学教授　福士　明
全体討論　環境政策への市町村の取り組み

九月一日
市町村における政策評価
白老町職員　岩城達己
各市町村における政策評価の現状と課題

十月六日
地方主権時代の高齢者保健福祉
北海道教育大学教授　岩崎　清
全体討論　真に豊かな高齢者社会とは

十一月十日
自治体とＩＴ革命
北海道教育大学教授　山形積治
事例発表　地域情報化と行政のＩＴ戦略を考える

二〇〇二年

十一月十六日
市町村合併を乗り越えられるか
北海学園大学教授　佐藤克廣
パネル討論　市町村合併について
小林勝彦、佐藤克廣、川村喜芳、関崎定治（東神楽町長）

（二〇〇二年は他2回実施）

【檜山地域政策セミナー】

一九九六年

八月三十一日
過疎の時代のまちづくり
過疎の時代の住民・首長・議員
北海道大学教授　森　啓

九月二十八日
高齢者福祉と地方自治体の課題
北星学園大学教授　横山純一
自治体職員の政策開発
北海道町村会常務理事　川村喜芳

十月二十六日
自治体職員と考える住民参加
北海道大学教授　畠山武道
救急医療のあり方
札幌医科大学　金子正光

十一月三十日
地方分権の潮流と今後の発展
自治体における政策選択
北海道大学教授　山口二郎

一九九七年

八月三十日
これからの地域医療のあり方
北大医学部付属病院　前沢政次
公的介護保険制度と地域福祉の課題
北星学園大学教授　横山純一

九月二十日
地方自治と議会
住民参加によるまちづくり
北海道大学教授　森　啓

十月二十五日
人の喜び、わが喜び
北海道家庭学校　谷　昌恒
政策開発と自治体改革
法政大学教授　松下圭一

十一月二十九日
分権時代の政策と議員・職員
北海道大学教授　神原　勝

【南空知セミナー二十一】

一九九七年

十一月二十二日
分権時代の自治体職員
北海道大学教授　神原　勝

十二月十三日
地域の福祉と介護保険制度
北星学園大学教授　横山純一

一九九八年

二月二十八日
空知の文化を考える
北海道新聞情報研究所　木村篤子

五月二十三日
政策をどのように評価するか
北海道政策室参事　石田　哲

七月十一日
住民参加の地域づくり
白老町長　見野　全

九月十二日
空知の経済を考える
酪農学園大学教授　金子佳弘

十一月二十八日
参加型で進めるまちづくり
プランニングワークショップ　杉山忠和

十二月十九日
空知農業のこれから
道立上川農業試験場長　相馬　暁

一九九九年

一月二十三日
資源循環型地域社会
北海道環境室長　小笠原紘一

六月十二日
農業に見る空知の可能性
専修短期大学教授　山上重吉
深川グリーンツーリズム研究会
谷口保幸

七月十七日
私の考える農業実践
日本農業賞受賞者　駒谷信幸
金滴酒造　関昭彦

八月二十一日
農業に抱く夢
新規就農者　宮下勇作
産直代表　江川公人

九月十一日
空知を生かすクリーン農業
有機栽培　今橋道夫
有機農業研究協議会　佐藤　稔

十月二十三日
農業の元気が空知を元気にする
専修短期大学教授　山上重吉
ＪＡ北竜組合長　黄倉良二
西上農場　高橋　俊

二〇〇〇年

二月二十六日
映像で見る空知の魅力
写真家　岡本洋典
パネル討論　二一世紀の空知を拓く
山上重吉、岩瀬剛巳（岩瀬牧場）、森若美代子（環境セラピィ）、広田まゆみ（北海道Ｂ＆Ｂ協会）、黄倉良二（ＪＡ北空知）

【地方自治土曜講座ｉｎくしろ】

一九九七年

五月十日
分権の動きと地方政府の役割
前鷹栖町長　小林勝彦
地方分権時代の自治体法務論
札幌大学教授　福士　明

六月七日
都市型社会のまちづくり
北海道大学教授　森　啓
政策過程と参加、情報共有
ニセコ町長　逢坂誠二

七月五日
地域が今かかえる課題、地域医療を中心に
北大病院総合診療部　前沢政次

八月三十日
独自な条例制定によるまちづくり
神奈川県真鶴町長　三木邦之
産業廃棄物問題と法
北海道大学教授　畠山武道

十月二十五日
比較の中の分権と行革
北海道大学教授　山口二郎
アメリカの政治と女性
北海道女子大学教授　相内真子

【オホーツク地方自治土曜講座】

一九九八年

五月九日
公共政策学　北海道大学教授　森　啓
六月十三日
地域経済学
北海学園北見大学教授　菊池　均
迫る地方分権、がんばれ自治体
元横手市長　千田謙蔵
七月十八日
地域づくりと市民参加
北海道新聞情報研究所　木村篤子
地方分権の推進に向けて
前鷹栖町長　小林勝彦

九月十二日
情報と住民参加　ニセコ町長　逢坂誠二
産業クラスター
産業クラスター研究会　鴨下公一
十月七日
地方自治　柳井市長　河内山哲郎
政治学　北海道大学教授　山口二郎

一九九九年

五月八日
地域振興　企業化実践
北海道国際航空　浜田輝男
行財政改革　北海道大学教授　宮脇　淳
六月十二日
地域振興　企業家実践（地元）
水元建設　水元尚也
分権一括法と環境問題
元横手市長　千田謙蔵
七月十七日
福祉関係（介護保険、広域医療）
奈井江町長　北　良治
パネル討論　時任生子（北海道新聞情報研究所）、北良治、赤木正敏（北海道高齢者保健福祉課参事）、白戸一秀、三浦道子（北見西部地域訪問介護ステーション）
九月十一日
行政評価システム　地方自治実践
三重県地域振興部理事　野村　隆
十月二日
地方分権全般
東京大学教授　大森　彌

二〇〇〇年

六月十日
行財政改革
自治体の政策評価
北海道大学教授　宮脇　淳
七月一日
自治体経営と行政サービス
太田市長　清水聖義
九月九日
まちづくりの実践を通して
蘭越町長　宮谷内留雄
自治体経営に望むもの
北海道中小企業家同友会　大久保尚孝

十月十四日
地方分権の動向
分権後の自治体職員
東京大学教授　大森　彌

十一月十一日
市町村合併論
分権後の自治体法務
九州大学教授　木佐茂男

【そうや地方自治土曜講座】

一九九九年

六月十二日
地方分権と自治体経営
北海道大学教授　山口二郎

七月十日
食べ物は地産地消で
北海道自治政策研究センター教授
中島興世
田園浴のできる町を目ざして
写真家・エッセイスト　竹田津実

九月四日
分権時代の自治体職員と法
北海道大学教授　木佐茂男

十月九日
自治体職員の政策水準
北海学園大学教授　森　啓

二〇〇〇年

六月十七日
地方分権とこれからの地方自治
北海道町村会常務理事　川村喜芳
まちづくりのすすめ
法政大学名誉教授　田村　明

七月八日
生涯学習とまちづくり
聖徳大学教授　福留　強
自然環境と共生のまちづくり
エコネットワーク　小川　巌

九月二日
個人旅行の立場から見た観光と観光行政
シマウマクラブ　酒井正人
北竜町ひまわりの里と自然農法
北空知農業協同組合　黄倉良二

十月二十八日
小規模自治体と行財政のこれから
北海学園大学教授　横山純一
自治体政策の作り方
法政大学名誉教授　松下圭一

十一月十八日
子育てママが地域をつくる
白老町子育て通信　中谷通恵

二〇〇一年

七月二十八日
新エネルギーと燃料電池の未来
北海道工業大学教授　菱沼　孝
生活の視点から環境を考える
稚内市民　早坂久美子
住環境と新・省エネルギー
稚内市民　郡　正
稚内観光とエコツアー
稚内市民　新田みゆき

九月一日
生涯学習とまちづくり
上士幌町長　竹中　貢
住民参画による健康づくりのすすめ
東京都立大学教授　星　旦二

十月二十七日
北国における上手なエネルギー利用
エス・ティ総合研究所　高村慎介
市民と地域が選択する未来
北海道グリーンファンド　鈴木　亨
十一月十日
地方分権と構造改革
旭川大学教授　川村喜芳
基調提起
北海学園大学教授　森　啓
パネル討論　二十一世紀地方自治、地域づくりへの展望
森啓、川村喜芳、野邑智雄（中頓別町長）、石神忠信（中頓別町議会議長）

（二〇〇二年も実施）

【十勝土曜自治講座】

一九九九年

九月二十五日
地方自治と住民参加
北海学園大学教授　森　啓

三重県の事務事業システム
三重県職員　大田栄子
十月二十三日
これからの公共事業
地域プランナー　田村　明
公共経営の創造
北海道大学教授　宮脇　淳
十一月二十七日
民間から見た地方自治体
北海道中小企業家同友会　大久保尚孝
地域をつくるNPO
電通総研　平岩千代子

二〇〇〇年

十月二十一日
改めて分権の受け皿づくりを考える
旭川大学教授　川村喜芳
自治基本条例の制定
ニセコ町長　逢坂誠二

（二〇〇〇年は他2回実施）

【メナシ（ねむろ）地方自治土曜講座】

二〇〇〇年

七月一日
自治体職員の役割とは
北海学園大学教授　森　啓
地場産品とまちおこし
恵庭市図書館長　中島興世
八月二十六日
地方自治って何だろう
九州大学教授　木佐茂男
情報公開からの意識改革
ニセコ町長　逢坂誠二
十月二十八日
地方分権でどう変わる
前鷹栖町長　小林勝彦
観光と地域振興
リクルート北海道　ヒロ中田

二〇〇一年

六月三十日
地域と大学
釧路公立大学教授　小磯修二
お客様から教えていただいたこと
あかん悠久の里鶴雅　大西珠江

八月二十五日
今、自治体経営に求められていること
北海道中小企業家同友会　大久保尚孝
視点をかえた農業による新たな地域づくり
拓殖大学北海道短期大学教授　相馬暁

十月二十日
試される時代の中で
北海道副知事　磯田憲一
地場産品を活かしたまちづくり
ホテルクラビーサッポロ　貫田桂一

十一月十七日
これからの自治体と自治体職員
北海学園大学教授　森　啓
メナシ（ねむろ）政策シンポジウム

二〇〇二年

六月十五日
どこからの風邪
常呂町国保病院事務長　辻　孝宗
田園居住時代の積極的土地活用
熊本大学教授　佐藤　誠

八月二十四日
情報の共有による協働のまちづくり
ニセコ町職員　加藤紀孝
地域の価値を活かすまちづくり
早稲田大学教授　宮口侗迪

十一月二日
北海道の中の根室市
北海学園大学教授　森　啓
パネル討論　森啓、下茂信和（根室市）、大濱和幸（別海町）、藤田隆子（中標津町）、安田高幸（標津町）、田澤道広（羅臼町職員）

【渡島地方自治土曜講座】

二〇〇一年

五月二十六日
これからの自治体に求められるもの
北海学園大学教授　森　啓
ニセコ町まちづくり基本条例について
ニセコ町職員　加藤紀孝

八月四日
地域の情報化とIT戦略
はこだて未来大学教授　鈴木克也
グレードの高いいなかづくり
別海町職員　川口清典

十月二十日
自治体財務と政策評価
北海道大学教授　宮脇　淳
三重県の事業評価システム
三重県職員　西城昭二

十一月十七日
循環型社会へのシフト
北海道大学教授　三浦汀介
水産廃棄物（ホタテのウロ）再資源化
砂原町水産課長　上平博司

二〇〇二年

五月二十五日
住民と行政が協働する時代
北海学園大学教授　樽見弘紀
市民による地域FM局づくりの取り組み
さっぽろ村コミュニティー工房
加藤　知美

七月十三日
地方公務員が知っておきたい民法の基礎知識
弁護士　佐々木泉顕
北海道町村会法務支援室の概要
北海道町村会　永井正博
九月二十八日
北海道開発の歩みと今後の方向性
北海道地域総合振興機構　山崎一彦
北海道新幹線の取り組みとまちおこし
北海道新幹線対策室長　吉田　隆
十月十九日
市町村を取り巻く現状と課題
名古屋大学教授　田中重好
石狩市・厚田村・浜益村の合併について
石狩市企画調整課長　加藤龍幸

二〇〇三年

五月三十一日
これまでの地方行政・これからの地方行政
総務省情報化推進室長　牧慎太郎
七月十九日
地方分権の政治経済学
北海道大学教授　山口二郎
広島県財務室長　松田浩樹
八月三十日
市町村合併と地方財政
北海学園大学教授　横山純一

二〇〇四年

四月十七日
分権改革と新しい自治のしくみ
千葉大学教授　大森　彌
五月十五日
地方自治の動向と道州制
前北海道知事　堀　達也
九月四日
まちづくりと自治体経営
前白老町長　見野　全
十月十六日
三位一体改革の行方と道財政立て直しプラン
北海道財政課長　荒井仁志

二〇〇五年

五月二十八日
三位一体の改革について
六月十五日
高齢者の介護問題を考える
厚生労働省地方課参事官　石黒秀喜
九月十七日
道州制を展望する
総務省行政課課長補佐　小川康則
十月二十九日
地域主権社会におけるまちづくり
北海道町村会常務理事　南原一晴

二〇〇六年

五月二十日
三位一体改革と道政改革について
北海道総務部長　原田淳志
九月三十日
地方交付税改革と地方財政の将来像
青森県総務部長　海老原諭

二〇〇八年

五月二十四日
今後の北海道財政と市町村施策の関わり

北海道総務部長　宮地　毅

七月五日

債権の管理について

北海道町村会　小山　裕

十月四日

地域主権の推進と自主財源の確保について

総務省市町村税課長　原田淳志

（注）

・演題に係る副題については、紙面の都合上、一部省略した

地方自治土曜講座歴代実行委員・スタッフ一覧

実行委員（◎印：委員長）
事務局スタッフ（○印：事務局長）

一九九五～九九年

実行委員　◎森啓、神原勝、木佐茂男、川村喜芳

事務局スタッフ　○道町村会企画調査部長稲垣利彰（九五～九六）、○同亀谷敏則（九七～九九）

木下佳弓、山内康弘、小山裕、和田雅之、年藤晶之、加藤早苗、齋藤綾乃、工藤雅子、桑原隆太郎（風連町、大学院派遣）、三坂至賢（池田町、大学院派遣）、小林生吉（中頓別町、大学院派遣）、長野克哉（美瑛町、大学院派遣）、高橋裕明（白老町、大学院派遣）、福村一広（ニセコ町、大学院派遣）

二〇〇〇～〇一年

実行委員　◎森啓、神原勝、山口二郎、南原一晴

事務局スタッフ　○道町村会企画調査部長　川村正人

小山裕、和田雅之、浜屋素子、小林勝義、磯部吉克、鈴木祥寿、工藤雅子、星貢（白老町）、福村一広（ニセコ町、大学院派遣）、西科純（芽室町、大学院派遣）、齋藤綾乃（ＮＨＫ）

二〇〇二年

実行委員　◎森啓、神原勝、山口二郎

事務局スタッフ　○嶋田浩彦（南幌町）

東谷久司、武井久幸、舘田博道（以上当別町）、荒木雅彦、後閑匠、田中栄治、渡辺克生（以上北海道）大山幸成（新十津川町）、木村公昭、三上勤也（以上北広島市）、高橋裕明（白老町）、長谷部英司、渡辺三省（以上札幌市）、福村一広（ニセコ町）、藤本浩樹（小樽市）、星貢（白老町）

二〇〇三～〇四年

実行委員　◎森啓、神原勝、山口二郎、佐藤克廣、川村喜芳、嶋田浩彦

事務局スタッフ　○長谷部英司（札幌市）

青田伸美（町村会）、東谷久司、武井久幸、舘田博道（以上当別町）、荒木雅彦、後閑匠、佐藤精久、田中栄治、真屋幹雄、渡辺克生、波田野宏（以上北海道）、池上順史、今川かおる、金子慎二、酒井智美、佐藤潤一郎、渡辺三省（以上札幌市）、大野聡美、木村公昭、三上勤也（以上北広島市）、大山幸成（新十津川町）、加藤正一（浦臼町）、高橋裕明、星貢（以上白老町）、西科純（芽室町）、福村一広（ニセコ町）、藤本浩　樹（小樽市）

二〇〇五年

実行委員　◎森啓、神原勝、山口二郎、佐藤克廣、川村喜芳

事務局スタッフ　○佐藤潤一郎（札幌市）、青田伸美（町村会）、東谷久司、武井久幸、舘田博道（以上当別町）、荒木雅彦、後閑匠、田中栄治、渡辺克生（以上北海道）、池上順史、今川かおる、金子慎二、渡辺三省（以上札幌市）、大山幸成（新十津川町）、藤本浩樹（小樽市）

二〇〇六〜〇七年

実行委員　◎森啓、神原勝、佐藤克廣、川村喜芳

事務局スタッフ　○佐藤潤一郎（〇六年）、○後閑匠（〇七年）、青田伸美（町村会）、荒木雅彦（北海道）、今川かおる、金子慎二、松村達哉、渡辺三省（以上札幌市）、大山幸成（新十津川町）、熊谷勉（夕張市）、上仙純也（岩見沢市）、藤本浩樹（小樽市）

二〇〇八年

実行委員　◎森啓、大西有二、樽見弘紀、川村喜芳

事務局スタッフ　○後閑匠（北海道）、青田伸美（町村会）、荒木雅彦（北海道）、今川かおる、金子慎二、佐藤潤一郎、松村達哉（以上札幌市）、大山幸成（新十津川町）、佐藤雅之、上仙純也（以上岩見沢市）、藤本浩樹（小樽市）

二〇〇九〜一〇年

実行委員　◎森啓、大西有二、川村喜芳

事務局スタッフ　○今川かおる（札幌市）青田伸美（町村会）、荒木雅彦（北海道）、大山幸成（新十津川町）、金子慎二、佐藤潤一郎、松村達哉（以上札幌市）佐藤雅之、上仙純也（以上岩見沢市）、藤本浩樹（小樽市）

（注）
・二〇〇一年までは北海道町村会企画調査部が事務局を担当していた

あとがき

土曜講座十六年の足跡を振り返る記録をまとめようというご相談を森啓先生から頂いたのは昨年九月、土曜講座の最終講義が終わった日の翌週でした。以来、七か月に亘って編集作業を重ね、ようやく出版にこぎつけました。原稿の執筆、資料提供などでご協力頂いた皆様に厚く御礼申し上げます

とりわけ資料編のとりまとめは、散逸した記録も多く根気の要る、苦労の多い作業でしたが、編集作業を全面的に支えて頂いた土曜講座実行委員会事務局長の今川かおるさん、嶋田浩彦さん、荒木雅彦さんには心から御礼申し上げます

北海道町村会に近いホテルの一室に森啓教授、神原勝教授、木佐茂男教授そして私とスタッフの桑原隆太郎さんが集まって第一回の土曜講座実行委員会を開催したのは平成七年三月のことでした。この本を作り終えて実行委員会は十六年の活動を終えます。この間、土曜講座を支えてくださった全国の自治体職員、市民、研究者の皆様に改めて深く感謝申し上げます。ありがとうございました

川村　喜芳

自治体理論の実践

—北海道土曜講座の十六年—

2011年5月27日　第1版第1刷発行
編　著　森　　啓／川村喜芳
発行者　武内英晴
発行所　株式会社 公人の友社
〒112-0002 東京都文京区小石川 5-26-8
電話　03-3811-5701　FAX 03-3811-5795
メールアドレス　koujin@alpha.ocn.ne.jp
印刷所　モリモト印刷株式会社
装　丁　有賀　強
